自衛隊最強の部隊へ

―災害派遣編

DISASTER RELIEF

Futami Ryu

二見 龍

誠文堂新光社

はじめに

近年、地震や台風、土砂崩れ、河川の氾濫など自然災害が多く発生するようになり、被害の規模も大きくなってきました。それに伴い、自衛隊が迅速に派遣され、その活躍がライブで伝えられると同時に、自衛隊に対する国民の期待度が高まってきています。

現在の災害派遣は、災害発生と同時に偵察活動が始まり、航空機を使用して現地での人命救助活動が速やかに開始され、災害の規模によっては、数万人規模の隊員が投入されます。夜間も連続した活動が当たり前になりました。

しかし、災害派遣が現在の形になった時期は、そんなに古くありません。それまでは、県からの正式な要請を待って災害派遣を実施（災害が起こっていても正式な要請がなければ動けない）する形をとり、人命救助の見通しがついたら部隊を撤収していました。

大きな転換点となったのは、阪神淡路大震災でした。阪神淡路大震災後、災害対策基本法の改正が行われるとともに、自衛隊の災害派遣の法的な枠組みも逐次整備が進みました。そして、徐々に自衛隊の災害派遣の有効性が国民に認められてきました。

さらに災害派遣活動がクローズアップされるようになったのは、ＰＫＯを開始し、連日メディアで現地の活動が取り上げられ、国民の自衛隊への関心や期待度がより高まった時期とも重なります。

私が連隊長を務めた第40普通科連隊の実施した災害派遣は、国民の期待度や活動が変化する境目の時期に行われたものです。自衛隊がイラクへ部隊を派遣し、本格的なＰＫＯ活動が始まり、その活動が全国ネットのニュースで毎日流れ、活動して成果を出す自衛隊へ変わっていくときに発生しました。新しい時代に踏み込んだ自衛隊は、災害対応についても変化するのか、従来のような対応なのか、注目される時期に災害が発生したのです。

そのような状況下で災害が発生した場所は、当時、台風の脅威にさらされることはあっても、地震はめったに起こらないと言われていた福岡県でした。多くの人たちが、九州は地震が起こらないところだと思い、地震に対する意識が薄れかけていたときに発生したのです。しかも、島がほぼ全滅しているというショッキングなニュースが日本中を駆け巡り、話題になりました。そのため、災害現場へ非常に多くのメディアが集まり、関心の高い場所となったのです。自衛隊の活動が、つねにメディアに映し出される時代の始まりに起こったのです。

地震は、２００５年３月20日10時53分、日曜日の午前中に発生し、「福岡県西方沖地震」と命名されました。地震発生後、師団の準備した災害派遣用機材を天井近くまで積み上げた第２派のチヌーク（大型輸送用ヘリコプター）に乗り込み、現地へ向かいました。被害の大きい玄界島へ向かうため飛行していると、海上に真ん中が凹んだ形で傾斜のある島が近づいてきました。今でも頭に残っている玄界島の光景です。

眼下に、先遣隊として第１派で出動し、すでに島内の状況を把握している第１中隊長の馬場３佐の姿を確認できました。着陸後、島全体が大きな被害を受けている玄界島で、余震の凄さを経験しながら、島に残った漁業組合の組合員10名と福岡市役所の担当者、災害対応に集まった関係機関のメンバーと力を合わせて、玄界島の災害対応を進めていきました。

玄界島の災害派遣では、メディアの来島や、当時の内閣総理大臣の小泉純一郎首相の現地視察を受けるなど、復旧が始まり部隊が撤収するまでの間、数々の貴重な経験をしました。

本書は、福岡西方沖地震の第40普通科連隊の災害派遣活動を、災害発生から撤収までの間を、当時の画像を含め、リアリティのある形で記述したものです。

二見龍

目次

第3章　現地災害対策本部の設置　055

第6章　小泉総理（当時）の現地視察　157

第1章

平和な休日から
突然の非常呼集

福岡県西方沖地震発生

2005年3月20日10時53分、演習場から帰り、午前中に洗濯を行い布団も外に干し、久し振りの休日を官舎で過ごそうとソファに座ろうとしたときに、小さな振動の数秒後、大きな揺れがやってきました。テレビはテレビボードから転げ落ちそうになり、押さえなければならないほどの強い揺れが続きました。

この揺れからすると、震源地の近くは、大きな被害が発生しているに違いないと感じるほどの大きな地震でした。地震は、震度6を超えると大きな被害が発生することが今までの経験から予想できます。震源地と震度分布を確認するために、テレビをつけました。

震源地は、福岡県の北西沖であることがわかり、都市部ではないことにホッとしました。しかし、震源地の近くに島があるのが気になりました。

陸上幕僚幹部で勤務をしていた頃、北海道の中標津にある沿岸監視隊の機材の状況を確認するため、遠方に北方領土が広がる中標津の街に行ったときに遭遇した釧路沖地震が鮮明によみがえりました。ちょうど夕食を町の食堂で食べていたときに、地震が発生しました。食堂の食器棚から皿が飛び出ないように押さえ、揺れが収まった頃を見計らって、宿泊していた旅館へ戻ることにしました。街のショーウィンドウのガラスはすべて割れている状態でした。旅館の玄関のガラス戸やショーケースも割れていて、旅館を経営している老夫婦が箒《ほうき》でガラスを片付けていました。

今まで気がつかなかったのですが、割れた窓から300m先に海岸が見えました。この場所は、津波が来たら大変危険な場所だということがわかりました。老夫婦に

「自衛隊のある高台に避難しないと危ないですよ」と言うと、

「ここは、昔から国後島が津波を抑えてくれるから大丈夫な場所です」と答え、まったく避難する気配がありません。

荷物を取りに宿泊している部屋に行くと、テレビが床に転がっていました。テレビを持ち上げてつけてみると、電気は無事で、地震情報が流されていました。津波警報が発令されていて、今いる自分たちの旅館は真っ赤な警報が出ているど真ん中に位置していることがわかりました。老夫婦を何とか説得して、高台へ避難することにしました。

このときの地震の映像が、1~2秒の間かもしれませんが、頭を通り抜けました。

まずは津波の危険はないか確認しなければなりません。さらに、どこかに大きな被害が発生していれば、人命救助のため速やかに出動しなければならないと思いました。

テレビの情報で、津波の心配はないことがわかりました。次にやることは、災害派遣の要請に対応できるように、人員を集め、出動準備を進めることです。

連隊長の官舎には内線電話が設置してあるので、職場で使うのと同じ連絡が官舎でも可能です。すぐに40連隊の部隊当直司令に電話をかけ、人を集めるように指示を出しました。

「連隊長！ 本日は演習後の休日のため、部隊にはわずかな人員しかいません。すぐには必要な人員は集まりそうもありません」と報告を受けました。

部隊当直司令は、40連隊でも信頼性の高い若手幹部です。このようなときによく彼が部隊当直司令についていてくれていたなと思いました。

「非常呼集をかけろ。各中隊の当直へ連絡して速やかに中隊全員が部隊へ集合するように指示を出せ」と命令しました。非常呼集とは災害発生や事件事故対応のため部隊へ隊員を登庁させる指示であり、夜中でも非常呼集がかかれば部隊へ集合しなければなりません。

「外出している隊員にも連絡をするように、各中隊へ指示を出します」という言葉から、部隊当直司令が落ち着いていることがわかりました。

「官舎地区に行って、拡声器を使用し非常呼集であることを伝え、車両の拡声器も使用して官舎を回りながら連絡せよ」と指示を出しました。

そして、部隊当直司令自身が非常呼集全般をコントロールするよう指示を出し、自分も戦闘服に着替えて部隊へ登庁しました。玄関で半長靴を履いていると、車の停止する音が聞こえ、河野副官が玄関に飛び込んできました。

「現在、100名程度が登庁しています。ぞくぞく隊員が集まっている状態です。準備がよろしければ出発します」と現状を簡単に報告してくれました。

隊員の集合状況は自分の一番の関心事項だったので、いつもながら手回しと勘所がいい副官だなと思いました。

副師団長からの状況確認

40連隊の玄関に到着すると、部隊当直司令の今井1尉が、連隊本部、各中隊の登庁した人員一覧表を渡してくれたので、動ける人数を把握できました。

「連隊では、何かあったら出動する可能性があるので、部隊へ登庁するように日頃から言われているので、隊員の集まりが思ったよりもいいです」と報告を受け、

「先遣隊として出動してもらうので、すぐに準備にかかるのと、情報を集めてほしい」と今井1尉へ伝えました。

今井1尉は、連隊本部第2科（情報担当）の情報幹部のため、現地の情報を収集する先遣隊要員として適任だからです。

連隊長室から外を見ると、正門付近が渋滞しています。続々と隊員が登庁しているからです。災害の状況と部隊の準備状況を確認するため、作戦・教育訓練を担当する第3科へ向かいました。3科と2科は同じ部屋で、災害対応をする科員は、机を同じ島にして向かい合って座っているので、情報と部隊の運用を連携しながら進めることができます。

2科長から、北九州市の被害はほとんどないが、震源地近くの玄界島の被害が大きいこと、福岡市内のライフラインがダウンしていることなど、災害状況の説明があった後、3科長から、玄界島は40連隊の災害担任地域ではなく、他の連隊の担任区域のため、災害派遣は他の連隊のローテーションとして参加するか、福岡市の応援をする可能性があるという報告を受けました。

しかし、玄界島を担任する連隊は、コア連隊と呼ばれる連隊でした。名前の通り、平時はコア（核）となる隊員のみが配置されている状態で、有事には即応予備自衛官を招集し、フル編成の連隊になる部隊がコア連隊です。40連隊のように平時から隊員が配置されていないので、必要な人員が集まらないのではないかと思いました。

「師団長へ、40連隊はいつでも出動できる態勢にあることを伝える必要があるな」と考え、1個中隊（100〜150名）を先遣隊として、いつでも出発ができる態勢をとることを指示しました。

「連隊長、副師団長から電話が入っています」と庶務から連絡があり、すぐに連隊長室に戻って電話をとると、

「部隊はどういう状態か」と聞かれました。災害派遣のための部隊運用を師団は検討しているなとピンときました。

「災害対応の準備をしています」と答えると、

「どのくらい出せる」と質問を受け、

「150名はすぐに出動できます。あと2時間程度で連隊が動ける状態になります」と報告しました。

「150揃っているのか、早いな。また連絡する。頼りにしている」と言われました。

馬場中隊長率いる先遣中隊を編成しろ

災害派遣のための出動は間違いありません。すぐに連隊指揮所に幕僚を集合させ、災害派

遣用機材、水、食料、夜間作業を行うための照明器具、暖をとるためのストーブなどを隊舎前に準備すること、先遣隊は各中隊から小隊規模で選抜して中隊を構成すること、情報、3科の訓練幹部、通信、補給整備、広報要員を増強する増強混成中隊を速やかに編成することを示しました。

3科は、すぐに編成表を作成し人選を開始しました。3科長から、

「増強混成中隊長を誰にしますか」と確認があり、

「3科長案は誰だ」と聞くと、

「こういうときは、1中隊長の馬場3佐がいいと思います」と返ってきました。

「馬場3佐を連隊長室へ呼んでくれ」と言い、部屋に戻ることにしました。

数分後、馬場3佐がやってきました。ソファをすすめ、着席した馬場3佐の顔を見ると、

「先遣隊長の任務をいただき光栄です」と彼から話してきました。先遣隊要員の人選は、中隊長の考えで3科長と調整して進めていいことを伝えると、

「ありがとうございます。各ナンバー中隊から1個小隊ずつ出すことで話を進めています。各中隊が入っていれば、ローテーションもスムーズにいくと思います」と、すでに要員の選定が終わっているのがわかりました。

普通、自分の中隊から多く出したいものですが、これからのことを考えていること、中隊の垣根をなくし日頃から連携しているので、どのチームとでも一緒にやっていける自信があるからだと思いました。馬場3佐は、初めての対応や難しい任務を、普通の業務を行うように難なくこなしてしまうため、適任であると考えました。

「安全確保を最優先し、住民の視線できめ細かく対応してもらいたい。広報室長と連携し、多くのメディアの人たちが現場にやってくるはずなので、安全の保持と必要とする情報の提供に配慮してほしい。質問は？」と示すと、

「ありません。準備を引き続き進めます」と言って退出しました。

窓からグラウンドの方向を見ると、災害派遣機材が並べられています。かなりの量の機材です。部隊と器材を迅速に送り込むためには、チヌーク（大型輸送ヘリ）が必要だなと思いました。

玄界島の漁協の災害対策本部内に設置した40連隊現地指揮所。

チヌーク（大型ヘリコプター）へ災害派遣用機材を積載するため準備を進めている隊員。

玄界島への第1派1番機として小倉駐屯地に飛来し着陸態勢に入るチヌーク。

着陸しローターを回転した状態のチヌークへ搭乗する40連隊先遣部隊。

個人でできる災害対策

危機管理とは

まず、前提として明確にしておいたほうがいいのが、危機管理の基本的な考え方は、実際に起こった危機に対応するというより、起こりうる危機を回避することに主眼を置いているということです。もちろん、火災や洪水、津波に遭遇したときにどう対処するか、怪我をしてしまったらどう応急処置をすればいいのか、被災し何の装備もなく寒い夜を過ごすにはどうしたらいいのかといった具体的な行動のための技術や知識は大切ですし、必要なことですが、実際にそうした危機が起きてしまってからでは、自分がコントロールできることは極めて少ないものなのです。ですから、まずそういった状況に陥らないために何をどうすべきか考えるというのが、危機管理のもっとも大切なところになります。

自分や家族に降りかかる可能性のあるさまざまなリスクを予知し、そのひとつひとつのリスクを消去する、あるいはそのリスクを消去することはできなくてもそこにあることを

※コラム「個人でできる災害対策」①〜④は、(一社) 危機管理リーダー教育協会理事長の川口 拓氏を取材し、編集したものである。

明確化しておく、これが危機管理です。こう言うと大変な作業をしなくてはならないように聞こえてしまうかもしれませんが、難しいことばかりではありません。例えば天気を読むことだって立派な危機管理術のひとつといえるでしょう。

雲の流れを見たり、気圧の変化を感じ取ったりして天候が悪化することを予測できれば、屋内に入るとか、傘を持っていったりして、雨に濡れるリスクをなくすことができます。これは本来それほど難しいことではないですよね。ただ、ここで問題となるのは、現代の人間の中には、雲を見ることさえしない人がいるということです。

人間が自然とともに暮らしていた時代であれば、天気を読むことは極めて日常的なことだったでしょう。一から十までそういう感覚を使っていなければ生きていけませんから、そうした危機管理をすることが当たり前だったはずです。しかし、スマートフォンで天気予報が簡単に見られ、コンビニですぐ傘が買える現代では、天気を自分で予測する必要がありません。同様に、いつでも明るい街に暮らしていたら、電気が途絶えたときの暗さもわからないし、舗装された平らな道ばかりを歩いていたら、土の凸凹の地面を歩く感覚もわかりません。言わば、現代はそこにあるリスクがリスクとして見えにくくなってしまっている時代です。ですから、現代の危機管理のスタートは、まずこうして見えにくかったり、日常で感じられなかったりするリスクをひとつひとつ明確にしていくこと、そしてリスクを自然に感じ取ることができるような感覚を養っていくということになります。

私はよく危機管理とは「枠を塗りつぶす」ことであると例えます。ひとつのリスクをひとつの「枠」と考え、リスクに対するプランを立ててその枠内を「塗りつぶす」というイメージで危機管理作業を進めていくからです。塗りつぶせていない場所はつまり「想定外」ということになりますので、できるだけ多くの部分を塗りつぶさなければなりません。

この「枠」は誰かに用意されているものではないので、自分で作らなくてはなりませんし、数に限りもありません。どんな枠をどれだけ作るのか、どの枠から塗りつぶすべきなのか、そしてどこを塗りつぶさないでおくかといったことも考える必要があります。実際にはその全部を塗りつぶすというのは難しいことですが、そう考えることで自分の身の回りにどんなリスクがあるか、そしてどのリスクを残しておいても大丈夫なのかを、リアルな感覚としてイメージすることができるようになります。

私の危機管理術のバックグラウンドにはネイティブ・アメリカンの教えがあるのですが、ネイティブ・アメリカンの中には、情報を伝えるときには口述でないと正確に伝達できないと考える部族が非常に多いんです。ひとつひとつバラバラの情報があっても意味をなさず、ストーリーになっていないとその情報が機能しないと考えられているんですね。これは、現代の我々が考える情報伝達方法とはだいぶ違います。我々はできるだけシンプルに事実だけを、できるだけ簡潔に伝えるのが効率的だと思ってしまいがちですから。しかし、ストーリーがあるからこそ、情報が情報として生きるとネイティブ・アメリカンの人々は考えているんだと思います。

そういう意味で言うと、「枠」を作ることはつまりストーリーを作ることです。例えば、地震で揺れたら机の下に入らなければならないとか、ガラスから離れたほうがいいとかたくさんの情報がバラバラと入ってきたとき、自分で「枠」が作れていなければ、そうした情報がどこを塗りつぶす部品になるのかがわかりません。そうすると、せっかく役立つ情報にもかかわらず、記憶に残らなくなってしまうんです。

枠を骨組み、情報を肉と例えると、もっとわかりやすいかもしれません。きちんとした骨組みがあれば情報という肉が加わったときに一体化して機能しやすくなりますが、肉だけがたくさんあってもそれはただの肉の塊にすぎず、役に立たないということなんです。

枠作りで大切なのは、そうやって自分用にオリジナルの枠を作ること、そして、枠をできるだけ具体化することも大切です。例えば「地震が起きたとき」というだけの枠作りでは役に立ちません。地震というのは概念にすぎませんから。概念を枠にしてしまうのは、もっともしてはいけないことです。そうではなく、状況を具体的に、それもできるだけ細かく想定しなければなりません。そして、そのリスクが起きる前、起きた後それぞれに何ができるか、何をすべきかも明確にしておかなければなりません。

枠を作るためには、さまざまなリスクを予見する力を養うことも必要です。そのためには、普段から災害や犯罪など、自分に降りかかるかもしれないリスクに対してつねにアンテナを立てておくことが大切になってきます。つねにアンテナを立てることを心掛けておくと次第にアンテナが敏感になり、自然と予見能力が高まっていくものなのです。

例えば、自宅のリビングにあるソファに座っているときに地震が起きたという想定で、右側にある本棚が倒れて下敷きになるかもしれない、くらいは誰もが考えることだと思いますが、それでは十分とは言えません。実際には、本棚が倒れたら、下敷きになるだけでなく、上の段に収まっていた本がストーブの近くに落ちて火が付いてしまう、なんてことだって考えられるんです。敏感なアンテナでもって日頃から危機を意識していれば、こうしたことも即座に予想できるようになります。実際にその場にあるものが、お互いにどう作用してどんな危険を生み出しかねないのかということまで、素早く感覚で想像できるようになってくるんです。

また、そういうモードを日頃から心掛けていると、初めて訪れた場所でも、同じようなシチュエーションがあるとすぐに気づくことができます。経験を積むほど応用が効くようになり、枠を作るのも塗りつぶすのも素早くできるようになるんです。余韻で塗りつぶすというような感覚ですね。また、そういう人は訪れた場所にあった家具の位置関係なども、感覚的に記憶の中に取り込んでいます。普通の人からすると、よくそんなことまで覚えているねという話になりますが、フォトグラフィックメモリーというか、そういう能力がある人からすると、それが当たり前なんです。

column-❶

個人でできる災害対策　**危機管理とは**

第2章

チヌーク2機お願いします

ほしいものを何でも準備する

副師団長からの電話の内容から、40連隊が早い段階で出動する可能性があるのではないかと思い、現在の連隊の状況について師団長へ報告の電話を入れました。

「40連隊長か。ご苦労さん、ご苦労さん」といつもの師団長の口調です。

「師団は福岡市一帯と玄界島の災害対応を考えている。現在、部隊運用を検討している。玄界島の被害が大きいため、派遣部隊の輸送手段を準備しているところだ。40連隊の状況はどうだ」と聞かれました。すでに師団指揮所で各種対応されていることがわかります。

「北九州市一帯の被害状況を収集中です。現在まで、大きな被害は出ていません。地震発生後、連隊担任地域の災害対応のため、非常呼集をかけました」と報告すると、師団長から
「現段階でどの程度出せそうか。玄界島は大きな被害が発生していると、メディアで大きく取り上げられており、早急に部隊を送り込もうと考えている」と言われました。

「先遣部隊100~150名程度であれば、いつでも出せます」と答えると、

「そうか。先遣隊長はもう決めたのか」と聞かれ、

「馬場3佐を長として考えています」と答えると、師団長はいつもの柔らかい感じの声より

少し低音で、言葉をひとつひとつ選ぶような感じで、災害派遣命令を下達されました。

「連隊長、玄界島へ先遣隊を派遣してくれ。馬場中隊長であれば心強いな。あと何かほしいものがあれば何でも準備する」と言われました。

「チヌークを2機お願いします。部隊が迅速に展開できると思います。持っていく資材も準備できています」と大型ヘリによる輸送を要望しました。

船は、一度に多量の人員・資材を積めますが、港へ行く時間と積み込みと積み下ろし、移動に時間がかかります。中型ヘリだと、ペイロード（積載できる量）が大きくないため、何往復もしなければならないのと、資材はどうしても船による輸送が必要となります。大型ヘリであれば一気に人員、資材を運ぶことができます。大型ヘリは、師団は保有しておらず、九州・沖縄を担任する西部方面隊が保有しています。師団から、方面隊へ要請してもらう必要があり、師団長からの要望であれば方面隊は迅速に大型ヘリを回してくれると考えました。

「そうだな。チヌークのほうが速いな。すぐヘリを回す手配をする。これでいいか」と要望を承認していただきました。2機だとまだ積み残しの資材が多くあり、追加の人員を運ぶ必要があるかもしれないため、

「人員を降ろしたチヌークをもう一度小倉に着陸させ、資機材を輸送したいと思います。夜

間作業用の照明機材も現地へ持っていきたいと考えています」と言うと、チヌーク2往復の要望も承認していただきました。

「頼んだぞ」と師団長に言われ、電話を切りました。

電話の後、すぐに2科と3科合同の部屋へ向かい、連隊本部の主要幕僚、中隊長を集合させました。

「連隊は、玄界島へ出動する。先遣隊指揮官1中隊長、人員規模150名の混成中隊、輸送手段はチヌーク、ヘリ到着次第現地へ出発」と口頭で命令を伝達しました。

3科長から、1・5時間後にチヌークが小倉に到着するという報告を受け、広報室長を呼びました。駐屯地から大型ヘリに乗り込み、災害派遣へ出動する状況を絵に撮れる絶好の機会だからです。

広報室長から報告が入りました。メディアへ投げ込みを行うと、すぐ取材要望が各社からあり、もう駐屯地へ向かっているとのことです。メディアの人たちの素早い行動にプロ意識を感じました。

1・5時間後、チヌーク2機が予定通りに到着し、大型ヘリの後ろにあるタラップから先遣隊が次々に搭乗していきます。第1便は、人員を主体に玄界島へ送り込みますが、可能な限り必要な機材を積載しようとしているので、通常なら数分程度の積載に5分ほど時間がかかりました。チヌークへの人員と機材の搭載をしている状況や、ヘリが飛び上がり玄界島へ向かって飛行する映像が、多くのメディアによって撮影されました。

さらに1・5時間後には、ヘリが戻ってきて第2便として災害対処用機材を搭載する計画のため、グラウンドに機材が集積されていきます。この映像も取材されていました。

連隊長も行ってくれるか

少し時間があるので、部屋に戻ると電話が鳴りました。師団長からでした。

「ご苦労さん、どうだ」と報告を求められ、

「ヘリをありがとうございました。10分前に馬場3佐の指揮する先遣隊が玄界島へ向かいました。第2便は資材を送り込む予定です」と報告すると、

「玄界島は大きくないので人員的には十分だろう。衛生部隊と通信中継部隊を師団から送る予定なので、面倒を見てほしい」と言われました。

「承知致しました。今後、馬場中隊長を現地指揮官として、対応しようと考えています」と話すと、

「今回、連隊長も行ってくれるか」と師団長からありました。

今までの情報からすると中隊長率いる先遣隊で十分だと思っていましたが、師団長から行ってくれと言われるということは、自治体との関係、師団の上級部隊である方面隊や中央の意向、政策的な意味合いがあるのがわかりました。

現地は被災した島民を始め、多くの関係機関やメディアが集まり混乱が予想され、誰かが現地の行動を上手くまとめる必要があると思いました。それも速やかに。

「第2便で出発します」と答えると、

「そうか、行ってくれるか。頼んだぞ」と嬉しそうな声が返ってきました。

師団長も自治体、上級部隊や関係機関と調整、連携しながら、政策面とオペレーションとのバランスをとりながら対応されているはずです。その中で、現地へ行くように指示されているので、連隊長としてその期待に存分に応えることが重要だと考えました。

連隊本部の1科長と3科長へ、自分、1科の要員、庶務、広報室長を第2便で現地へ出発させる指示を出しました。大急ぎで必要な荷物を準備し、機材の準備状況を確認に行くと、すでに準備が完了していました。3科の運用訓練幹部が走ってきて、

「人員を乗せる計画ではなかったので、荷物が満載状態になっている隙間に乗っていただき

ます」と伝えてくれました。間もなく、ヘリが到着する時間です。

大音量とダウンウォッシュという強烈な風を周辺に送り込みながら、チヌークが着陸を始めました。25m以上離れていないと吹き飛ばされてしまうほどの強い風が吹きます。砂利の地面だと砂利がつぶてのように飛び、危険な状態になるほどの威力があります。

左胸に入れてある携帯電話が振動しているのに気がつき、出てみると、馬場中隊長が現地の関係機関と連携して人命救助を始めた報告でした。第2便で自分も現地へ向かうので、島の活動全般をコントロールしている場所と人物を明らかにしておくように指示しました。

チヌークへ資材を積載しているときに、広報室長が走ってきました。

「連隊長、メディアの人たちがヘリに乗せて現地へ運んでほしいと言っています」と報告を受けました。

このオペレーションを多くの人たちへ伝えることができれば、自衛隊に対する受け取り方も変わると考え、

「師団の広報を通じ、方面に搭乗許可を至急とってくれ、もう離陸が近い、搭乗申請もすぐにやってくれ。何名だ」と聞くと、「9名です」と返ってきました。運用訓練幹部が「あと3分で離陸します。燃料がギリギリとのことです」と伝えてくれました。

広報室長がメディアの人を引き連れ、チヌークのほうへ走ってきます。両腕で丸の合図を出しています。騒音と強い風のため声は聞こえません。早く乗れと手信号で示し、メディアのメンバーも無事チヌークへ乗るというよりも荷物の中に押し込む状態で、時間通りに離陸しました。

ヘリの搭乗員が手招きをするほうへ移動すると、操縦席の後ろに席を準備してくれていました。チヌークの中は、耳栓をしているかヘッドホンを着けていないとうるさくて、しばらく音が聞こえなくなるほどの騒音です。ヘッドホンを渡され、離陸時の無線が終了したのを見計らって今回のお礼を伝えました。

「飛行時間は35分程度です」と教えてくれました。

ドドドッという強力な推進力で飛行を続けるチヌークで玄界島へ向かいました。

ヘリ着陸後にやらなければならないこと

災害派遣用の機材が天井近くまで積み上げられているチヌークは、離陸後、徐々に速度を上げ日本海へ向かっています。ドドドッという一定のリズムと、キーンという耳栓がないと耐えられない音を発して、巡航速度で飛行しています。期待性能を重視したチヌークの揺れの中、現地に着いたときの行動を整理しました。そんなに大きくない島のため、ヘリポートも小さく、チヌークは1機しか着陸できない可能性があるため、資機材を手際よく降ろさなければならないこと、着陸後、馬場中隊長に何を確認する必要があるか、そして、何を判断しなければならないかなどです。

「負傷者・災害・島民の状況」、「玄界島の災害対応をコントロールしている人物」、「本部の場所」、「関係機関の活動状況」がこれからの活動を行うに当たって必要な情報だと考えました。先遣中隊の活動状況、活動の優先順位や懸案事項も確認しなければなりません。

軍用のヘリコプターは飛行性能を重視しているので、人員の居住性への配慮は最小限にとどめられています。飛行中、ジェット機のようなキーンというエンジン音と振動のため、深く考えることには適していない環境なので、思考能力が地上にいるときの半分くらいに低下してしまいます。難しいことは通常、地上でよく詰めておかなければなりません。

今回、急きょヘリに乗り込み現地へ向かうことになったので、騒音と振動の中、私は考えた内容を何度も回しながら、やるべきことを頭の中に刻み込むようにしました。

玄界島を視界に捉える

陸上自衛隊の訓練の中に、ヘリコプターを使用した機動訓練があります。この機動訓練をヘリボン訓練と言います。車両による地上輸送と同じように、ヘリは空中機動を行う輸送力として運用します。ヘリボン訓練や作戦の特性は、降着した場所が戦闘地域や災害現場であることが多いことです。

戦闘訓練におけるヘリの着陸場所は、敵の近くに設定されることが多く、ヘリを降りた瞬間から戦場の緊張感のある環境に放り込まれた状態になります。ヘリは、災害の被害を受けていない場所や、今回のように駐屯地から搭乗し離陸します。着陸する場所は、災害現場のすぐ近くか、臨時に設定したヘリポートです。災害現場に近い場所に着陸する場合、降りた瞬間から目の前に、災害によって大きな被害を受けた現場が現れます。

ヘリで降着するとき、よく思い出すことがあります。以前、災害現場に降着するときに見た光景です。それは、小隊長になり立てで、初めて中型ヘリ（ＵＨ－１）に搭乗し、奈良県の山林火災に対する災害派遣に参加したときでした。車両部隊が3時間後に到着するまでに、山林火災を含む現地の情報と住民の状況、中隊の指揮所地域の選定、車両の駐車スペースの確保など、情報収集、現地における調整、受け入れ準備を行う任務を与えられていました。

山と山の間を飛行経路として選定しますが、山地部は気流が悪く、かなり揺れます。ヘリに搭乗する全員が周りを警戒する任務を持っています。航空機に対する警戒を行うためです。山間は、注意しなければならない障害物も存在します。材木を運搬するために山と山の間に張っているワイヤーです。引っかかれば墜落の危険があるので要注意です。しかも、ヘリからはワイヤーは視認しにくいので、危険な場所は高度を上げて飛行します。このときも、確認できていないワイヤーを1個所発見しました。

やがて集落が見え始め、ヘリは学校のグラウンドへ着陸するため高度を下げていきました。ドアの窓から地上を見たとき、グラウンドに村の人たちが集まっていて、皆さん両手を上げ笑顔でヘリを歓迎している光景でした。緊張感がスッとなくなった感触を今でも覚えています。

「玄界島が見えてきました」と、機長の声がヘッドホンから流れてきました。操縦席のほうへ行き前方を確認すると、ソラマメのような形の島が見えてきました。漁船が多く停泊しているので、漁港があることがわかります。平地のほとんどない急斜面の地形で、平らなところは漁港のところだけです。まだ距離があるため、地震による被害の状況はわかりません。

チヌークの操縦席後方から確認した玄界島の漁港と居住地域。

「着陸態勢に入ります」の声とともに、地上の状況をはっきり捉えることができるようになってきました。黒い瓦屋根の家屋が大きく傾き、瓦が崩れていたり、多くの家がつぶれているのが視認できます。崖崩れも起こっています。

漁港近くの空き地にヘリの誘導員が紅白の手旗を上げ、ヘリ接近を示しています。手旗を横に広げ、下へ下へと着陸の合図をしています。チヌークは着陸時、ダウンウォッシュという突風を下方へ思いっきり発生させます。ダウンウォッシュは、周囲の小石も巻き上げ、立っていられなくなるほど強い吹き下ろしの風です。周りはチヌークのダウンウォッシュによって巻き上げられた砂埃で確認ができない状態になっています。

小倉駐屯地から35分で、福岡県沖地震のもっとも被害を受けた場所に到着です。

「着いたぞ。さあ40連隊の災害派遣開始だ」声に出さず自分に言い聞かせました。

ゴーグルをかけ風に飛ばされないように踏ん張っている誘導員は、両腕を横に広げ、腕を上下に振りながら少しずつ下へ降ろしていきます。チヌークの正面に立ち、腰の辺りで腕をクロスすると、ヘリが地面に着地したことを表します。資機材を出し入れする後方の扉が開くと、うす暗い状態だったヘリの内部は、急に眩しいほどの明るさになります。

「さぁ行こう」と自分に言い聞かせ、災害現場に降りました。

急斜面に建てられた家のほとんどが被害を受けていることが、上空から視認できる。

人員、機材を輸送している第４師団の保有する中型ヘリ（UH－1）。

先遣隊を輸送しているチヌークから玄界島へ次々に降り立つ隊員。

先遣隊長の指示を受け、現地で各小隊の活動について最終確認をする小隊長。

第3章

現地災害対策本部の設置

斜面の崩壊＝家の崩壊

搭乗員の誘導でヘリから離れると同時に、ダウンウォッシュを物陰でやり過ごしながら待機していた隊員が機体に近づき、資機材を降ろし始めました。ヘリの騒音の中でも話ができる辺りまで離れると、無線機を背負った馬場中隊長が近づき敬礼をしました。

「馬場、コンディションは」

「死者はおりません。負傷者は師団のヘリを利用して病院へ搬送しました。民家はほとんど住めない状態になっています」と報告を受けました。

馬場中隊長の報告によって、災害派遣初期の重要な活動である人命救助の段階は、一段落したことがわかりました。

「余震が結構あり、住民は怖がっています。行方不明者はないようなのですが、メディアも船で大勢来ているのと、休みのために人の出入りが多く、島に何人の人がいるのかがわかっていない状況です」と、次に対応すべき課題が報告され、早急に島民の人員確認とメディアの人たちの安全確保が必要であることがわかりました。

「災害現場を確認しますか」と馬場は言い、すぐに誘導を開始しました。

地震により被災した玄界島の若宮神社。

急斜面の狭い道路はほとんど石積みが崩れている状態である。

急斜面に建てられた日本家屋の被害が大きい。

多くの亀裂ができてしまった漁港周りの道路。

漁港近くのメイン道路にできた陥没。

激しい揺れによって落下した鳥居の上部構造。幸い人的被害はなかった。

初日は10分に1回の余震が続く。徐々に被害が大きくなっていく民家。

石を積み上げて土台にしていた家の損傷が激しいことがわかる。

島の高台に植えられているミカンの多くが落下してしまった。

家屋が倒壊した場合、死傷者が発生する可能性が高くなる。

石積みが崩れ、ほとんどの斜面に作られた家と家を結ぶ狭い道路が塞がれてしまった。

現場の確認はとても重要です。災害の規模と特性を把握するためです。規模が把握できれば、災害派遣のための投入人員の規模を決定でき、特性を把握できれば使用する機材の種類や専門部隊の投入の判断ができるからです。例えば、化学工場の事故や有毒ガスが発生している場合は化学防護隊、道路が使用できない場合にはヘリによる輸送や道路の障害物を切り開く施設部隊の投入が必要になるため、災害の特性の把握は重要となります。

馬場中隊長は、島民の家屋が立ち並ぶ斜面のほうへ誘導し、家屋に続く細い道の上り口で待機している島民を紹介し、簡単な挨拶後、

「これから、この島全体の案内をしていただけるそうです」と、すでに地域住民との連携を進めていました。

住民の方に案内をしていただくことの重要性

玄界島は漁業によって成り立っている島です。島の案内役を引き受けていただいた人も漁業組合を代表する人たちでした。島の主要道路（5m程度）から伸びるリヤカー1台が通れるかどうかの狭い道の両側の急斜面に島民の家が建てられています。右に曲がったり、左に曲がったりしながら、南斜面に建てられた家屋の状況を確認しました。島民の方の案内によっ

て、島内隅々の状態を短時間で確認することができ、災害の状況を把握することができました。土地勘のないところでは、現地の人に案内をしてもらうことの有効性を改めて感じました。

続いて、玄界島の災害対応を行っている現地対策本部へ行きたい旨を馬場中隊長へ伝えると、

「現地対策本部のようなものが明確にある感じではなく、市役所から1名来ている人が所在している場所があります」と答えが返ってきました。

「ではそこへ行こう」と言うと、

「漁業組合の寄合ですね」と言い、島民の方が案内してくれることになりました。

市の職員がいる、島内で一番新しくきれいな2階建ての建物へ案内していただきました。中は土足厳禁と書いてあるので、編み上げ靴の半長靴を脱ぎ階段を上がりました。2階には白い長机とホワイトボードがあり、メガネをかけた中背の職員がいました。

自分たちは小倉の40連隊の隊員であることと、自分が玄界島の災害対応の指揮官であることを説明し、現在把握している状況について確認しました。市の職員Aさん（以後、A職員）は、災害派遣に対する感謝と、当分1人で玄界島の災害対応を行うことを話してくれました。

今までの状況を整理すると、負傷した島民の救助は終了し、島民は体育館に避難している

こと、島外への移動を希望している島民がいること、急斜面に建てた建物はほとんど崩れたか使用できない状態になっていること、玄界島全体をコントロールする現地対策本部は十分機能発揮していない状態であることです。

説明を聞いてA職員に提案したのは、ここに現地対策本部を設定し、玄界島の災害対応全般のコントロールを速やかに行うため、島内に展開している警察、消防、自衛隊、地方整備局などすべての関係機関を集めた災害対策本部会議を1時間以内に行い、日暮前に必要事項を決定し行動に移すことと、人員の確認を正確に行い、認識の統一を図ることです。A職員の賛同を得て関係機関へ連絡し、30分後に災害対策本部会議を開催することになりました。

思った以上に多くの人員が上陸しているメディアの人たち全員に、島内はヘルメットを着用し、細い路地を歩くときは瓦の落下に注意するよう伝えることを広報室長に指示しました。また、必要な記事が書けなければ玄界島に上陸した任務を果たせないだろうと思い、メディアの人が待機する場所に、現在島で活動している関係機関の状態や災害対策本部会議を開催することなど、メディアの立場に立ってこれで記事が書けると思えるように、ホワイトボードに情報を提示するように示しました。

広報室長は、日頃から多くの取材を受けているので手際よく、必要な指示を部下に出し、

その後、

「連隊長、災害対策本部会議は非公開にしますか、公開しますか」と質問を受けました。

今何人ぐらい来ているか確認すると、新聞・テレビ局合わせて180名以上の人員が上陸しているとのことでした。何と災害派遣人員を上回る人員が上陸していたのです。「この勢いの中で非公開にしたら、収まらないだろうな」と思いました。幸い死者はおらず、負傷者の搬送も終了している状態なので伏せる内容もないと考え、公開にすることにしました。

当時、災害対策本部会議を公開することは珍しかったので、さすがの広報室長も一瞬顔が引き締まりましたが、

「公開の利点は大きいと思います。ではその旨を伝えに行きます。他にございますか」と返ってきました。

「皆さん守ると思うが、会議中に発言や質問はしないように伝えてほしい」と言うと、

「わかりました」と敬礼をして、部屋を出ていきました。

人命救助活動から次の段階へ

体育館に避難している島民の意向を伝える漁協の代表者10名は、2階に設定した現地対策

本部のような場所に入ることはなく、1階の部屋に車座で座り、これからの対応を考えているようでした。

災害派遣で玄界島に来たことを伝え挨拶をすると、フワッと一瞬顔が明るくなりましたが、すぐに重たい表情に戻りました。直下型地震によって、一瞬にして玄界島のほとんどの家が被災して住めない状態になってしまったことを考えれば当然です。さらに、ブリの子供のイナダ（現地では「ヤズ」と呼ばれている）で漁を行い生活の糧としている島で、1年のほとんどの収益を得る重要な時期に被災してしまい、一瞬にして今年の収益はなくなってしまったのです。

また、島に到着してから感じたのは、余震が思った以上に激しいことでした。直下型地震は、発生後数日間は余震が激しいと言われますが、初めて経験する余震の状態は強烈でした。5分～10分おきにドーンと大きな音がした後にガクッと揺れるからです。通常聞こえてくることなどない地面から聞こえてくるドーンという大きな音は、不気味な感じでした。地面の下では短い間隔で断層が動いて、いつ大きな余震がくるかわからない危険な状態であることでした。

同時に、人間は慣れというものがあり、この不気味な状況がだんだん普通になってきました。「ドーン」の後のガクッという状態は、演習場で実弾射撃をしているときに演習場内の宿舎で体験する音と揺れに似ていたのもあると思います。演習場での射撃は10秒間隔で行うので、さらに頻度が高いものになります。異なるのは、音の後の揺れの強さが震度1であったり、震度3であったり異なることです。震度1程度の揺れはガクッとくるだけですが、大きな揺れほど長くなります。

玄界島の住民は、大きな揺れによって島のほとんどの家が住めない状態になり、引き続き大小の揺れを交えながら5分~10分おきに余震があり、いつまた大きな地震がくるかわからないため、恐怖を感じているのは間違いないと思いました。

漁協の代表者から、

「とくに女性や子供たちは余震が怖くて、このまま5~10分に1回の割合で夜中も続いたらたまらないので、比較的揺れの少ない場所へ漁協の代表者10名のみを残して、今晩中に島民は福岡市の体育館へ移動する予定である」という内容が伝えられました。A職員は、すでに船の手配を終了していました。その後、こちらを向いて「この後どうしましょうか」と聞かれました。

つい、自分が仕切りたくなってしまうところですが、災害対応のために単身乗り込んだA

職員を全面的にバックアップする立ち位置に気をつけ、次のように話しました。

「まず、災害活動を取りまとめている本部をここに決めて、住民が島を脱出する前に災害対策本部会議を行い、認識を統一してはどうでしょうか」と話すと、

「わかりました。まだ正確に島民の人数が把握できていないので人数を明らかにすることも必要ですし、脱出前の最終の打合せとしてやったほうがいいですね」と返ってきました。

玄界島にはすでに消防、警察、自衛隊、地方整備局、各種メディアが上陸して活動しています。島民も避難所に使用しているところが何ヵ所もあり、地震の前にこの島にどのくらいの人がいたのかわかっていない状況でした。地震発生直後の混乱した状態からできるだけ早く脱して、現地のメンバーが力を合わせて、組織的な活動をしなくてはなりません。

島内の人員を明らかにし、関係機関がそれぞれ独自に活動している状態から組織的な活動へ切り替えるため、情報を共有し、災害対策の方針を定めて全員が動くようにする必要がありました。そのため、現地災害対策本部会議を漁協の寄合場所の2階で16時から開催することになりました。

避難所から動かないように依頼して、島から避難する島民の人数を把握すること、来島した関係機関の人数と展開している場所の確認、危険地域の表示と立ち入り禁止区域の設定、

住民が離島する際の支援の要領など、今後の活動について、現地災害対策本部会議で話し合うことにしました。会議はメディアに公開して行うことが決まりました。

これで、この小さな島に相当の人員が存在している状況が整理され、活動方針に基づき関係機関が協力して災害対応活動ができる態勢を整えることができます。

現地災害対策本部会議

16時近くになると、ぞくぞくと人が現地災害対策本部に集まってきました。長椅子を並べた会議テーブルの周りに関係機関が座り、その後ろにメディアの人たちがテレビカメラや照明を持ち込み満員状態になりました。テーブルのメンバーを確認すると、島民の代表者がいません。通常、現地災害対策本部会議には参加しないので呼んでいないとのことでしたが、玄海島からの避難を行うため、急きょ参加していただくことにしました。

総務・人事・部外調整を行う1科長が島民の代表者を会議場に案内すると、メディアを含めた人の多さに驚きながらも、多くの人が災害対応をしようとしていることがわかり、厳しい表情が穏やかになっていくのがわかりました。

メディアのライトが眩しく大人数が詰めかけている中での会議となり、参加者はかなり緊

玄界島での第１回現地災害対策本部会議の様子。周りにテレビカメラが入る状態で開催。

張状態です。A職員が開会の宣言をした後、発言してほしい感じで自分と目を合わせたので、日没までにやるべきこと、関係機関は玄界島にどの組織が来ていて総勢何名かわからず、バラバラに活動している状態から組織的な活動へ移行する必要があること、今夜の島民の離島行動支援に関することを本会議で決定し、力を結集して災害対応を行うことを提案しました。

各機関から活動している人数、活動内容と展開地の報告が行われ、警察、消防、地方整備局と調整しやすい環境が整いました。陸上自衛隊が多くの人員を派遣していることがわかり、関係機関と連携しながら災害対応をリードしていくことになりました。関係機関が連携して、今まで全体の人数が掴めていない避難者数の把握を速やかに行い、名簿を作成し、確実に避難していただくため、陸上自衛隊が全般をコーディネートし、各関係機関が可能な支援をすることが決まり、細部は避難所、乗船所で具体的に調整することを決定しました。

夜間になると人員を正確に掴みにくくなるため、会議終了後、すぐに人員把握を行うためそれぞれの持ち場へ戻り、待機しているメンバーへ必要な指示を行わなければなりません。関係機関は、何を何時までどのように行うという方針が決まれば、素早く組織力を発揮します。このときの対応の速さは素晴らしいものがありました。

現地災害対策本部会議終了後、A職員が

「関係機関の人たちはどのように行動する組織なのか初めてわかりました。市役所の職員の行動とは違いますね」と言い、

「船は予定通り、20時に出港できます。こんなにスムーズに進むとは思いませんでした」と喜んでいました。

「A職員が住民の人たちも現地災害対策会議に参加させることをすぐに判断していただいたので、島民の方たちも統一した行動をとると思います」と伝えました。

日暮れまでの行動は時間との勝負であるため、メディアの人たちへ、撮影は自由に行っていただいて結構だが、質問やインタビューは今夜の避難行動と玄界島の安全点検が終わるまで、災害対応を行っている隊員には行わないように、広報室長を通じて徹底しました。

質問やインタビューは、40連隊の広報室員がすべて対応するようにし、メディア待機場所にはつねに最新の情報をホワイトボードに記入したり貼り出したりし、どのメディアでも記事が書けるように配慮しました。併せて、島内で行動する場合はヘルメットの着用の厳守を依頼しました。

メディアの人たちは全員ヘルメットを着用し、取材ルールを守って下さいました。素晴らしいなと思うほど紳士的な対応をしていただき、良好な関係からスタートした感じです。思

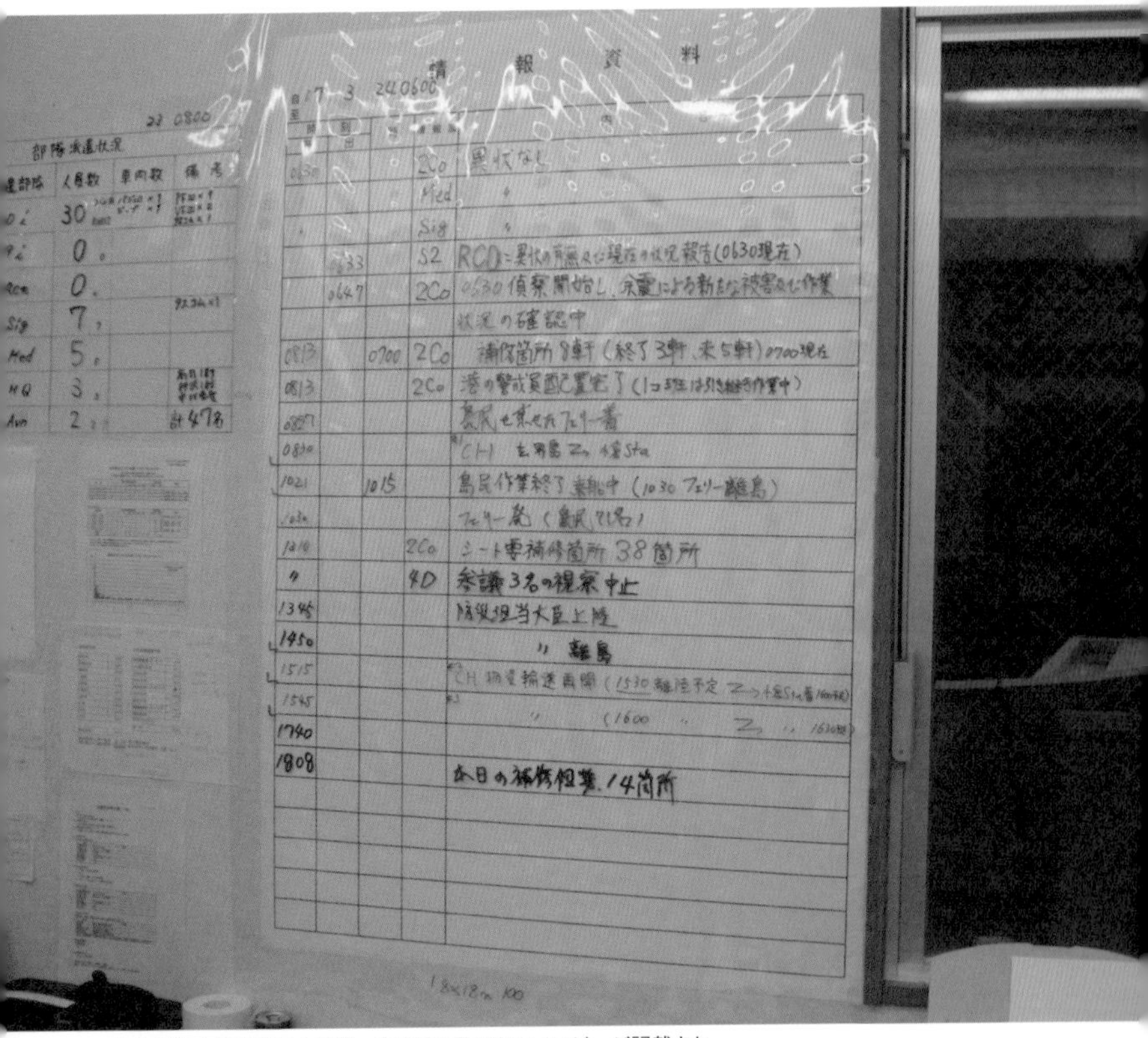

左上が陸上自衛官の人員数、右はその日のクロノロジーが記載されている地震発生から４日後の現地災害対策本部の掲示板の内容。

い切って現地災害対策本部会議を公開にしたのがよかったと、後で広報室長から報告を受けました。

日没までに人員を把握する

早急に行わなければならないことは、玄界島に所在する人数が登録している人数と合っていないので、正しい人数を掴むことでした。万が一、被災して行方不明になっていたら手遅れになるかもしれないからです。

避難所にいる島民の人数は何回か数えているのですが、島民の総数よりも島にいる人が多かったり少なかったり、どうしても数字が確定しない状況でした。家の様子を見に行ったり、トイレに行ったりして避難所の出入りがあり、毎回数字が合いません。

休日のため島へ観光に来た人がいたり、親せきが遊びに来ていたり、反対に福岡に遊びに行っていたりして、島民の安否確認と島外の人の人数が把握できていなかったのです。避難所に名簿を置いて記入してもらうようにしていますが、今まで混乱していたので、避難所に来ていなかったり、避難所にいても記入していなかったり、連絡が徹底できていませんでした。

現地災害対策本部会議では、まず人員の確認をする必要があることを話しました。まだ3

月の日暮れは早く、日が暮れてしまうと島民の人員の把握が難しくなると考え、島民の方には、16時から1時間の間、避難している場所から移動することを止めていただき、人員の確認をすることにしました。

40連隊の隊員を各避難所へ配置し、これから行うことを説明し、避難所内からの出入りをせずに、一斉に住民を把握するための名簿への記入を開始しました。30分ほど経ったところで、現地災害対策本部へ避難所から連絡が入りました。「トイレに行きたい人がいるのですが、どのような対応をしますか」という内容でした。この連絡によって、かなり厳正に人員の確認が行われていることと、島民の皆さんが協力してくれていることがわかります。

トイレに行くときは、隊員が同行して行くように指示を出しました。もちろん自由にトイレには行っていただきたいのですが、何かの処置をしないと統制が崩れる恐れがあるための対応です。

この1時間は、指定された避難所に全員集まり、名簿の作成と人員の確認をするため、トイレ以外は外に出ることを禁止にしました。玄界島の方たち全員の協力により、文句を言う人は誰もおらず、30分もしないうちに確認作業が終了してしまいました。

明確な指示を出したこともさることながら、島民の代表者が積極的に協力して島民をまとめ、普段から島民の意思の疎通がしっかりしていて、地域コミュニティーがしっかりしているからだと感じました。

休日だったこともあり、島の親せきに会いに来た人の数が思った以上に多く、島の人口をかなり超える人が玄界島に所在していることがわかりました。一方で、島から福岡の街へ遊びに行っている人もいて、島外へ出ている人数も把握することができました。島でも人員の把握は難しいので、通常の都市での掌握はもっと大変であることが想像できました。

島を後にするときの島民の目

辺りが暗くなり、玄界島と本土を結ぶ連絡船が到着する頃になると、島民の方たちがぞくぞくと桟橋近くに集まってきました。乗船する前に、入り口前に設置したテーブルで各人が名簿に記入するため列を作っています。

受付は4つのテーブルで行い、隊員や警察、消防の人たちの協力を得ながら、漏れがないように行いました。

受付を終えた人が次々に船に乗り込んでいきます。船着き場で、乗船する光景を眺めていると、子供を連れたお母さんと老人の一行が顔に安堵の表情を浮かべているのがわかりました。これで一安心とホッとした表情です。

まったく異なる表情をしている人も多くいました。どうして今、地震が起きてここを離れなければならないのか、という顔をして、島に残らせてほしいという気持ちを前面に出しながら、何度も何度も後ろを振り向く逞しい男性たちです。

玄界島は漁業で成り立っており、3月から始まったイナダ漁を6月まで行い、1年の生計を立てる生活をしています。漁が始まり1年のうちで重要な時期に来ているのに、島を後にしなければならない無念さは、計り知れないものがあったからだと思います。被災したけれども漁船も動くので、ここに残って漁を続けたい、漁協で決定したことなので守らなければならないが納得できないと、ぶつける場所のないくやしさを全身から出していました。

今でも、玄界島の災害派遣のことを思い出すと、島を後にするときの漁師さんたちの顔が浮かびます。

なぜ島を後にしなければならないのか、無言ですが、目が語っている顔です。できる限りのことをこの島で行おうと思った瞬間でもありました。

地震発生日の20：00時に出港する
連絡船へ乗船する島民の方たち。

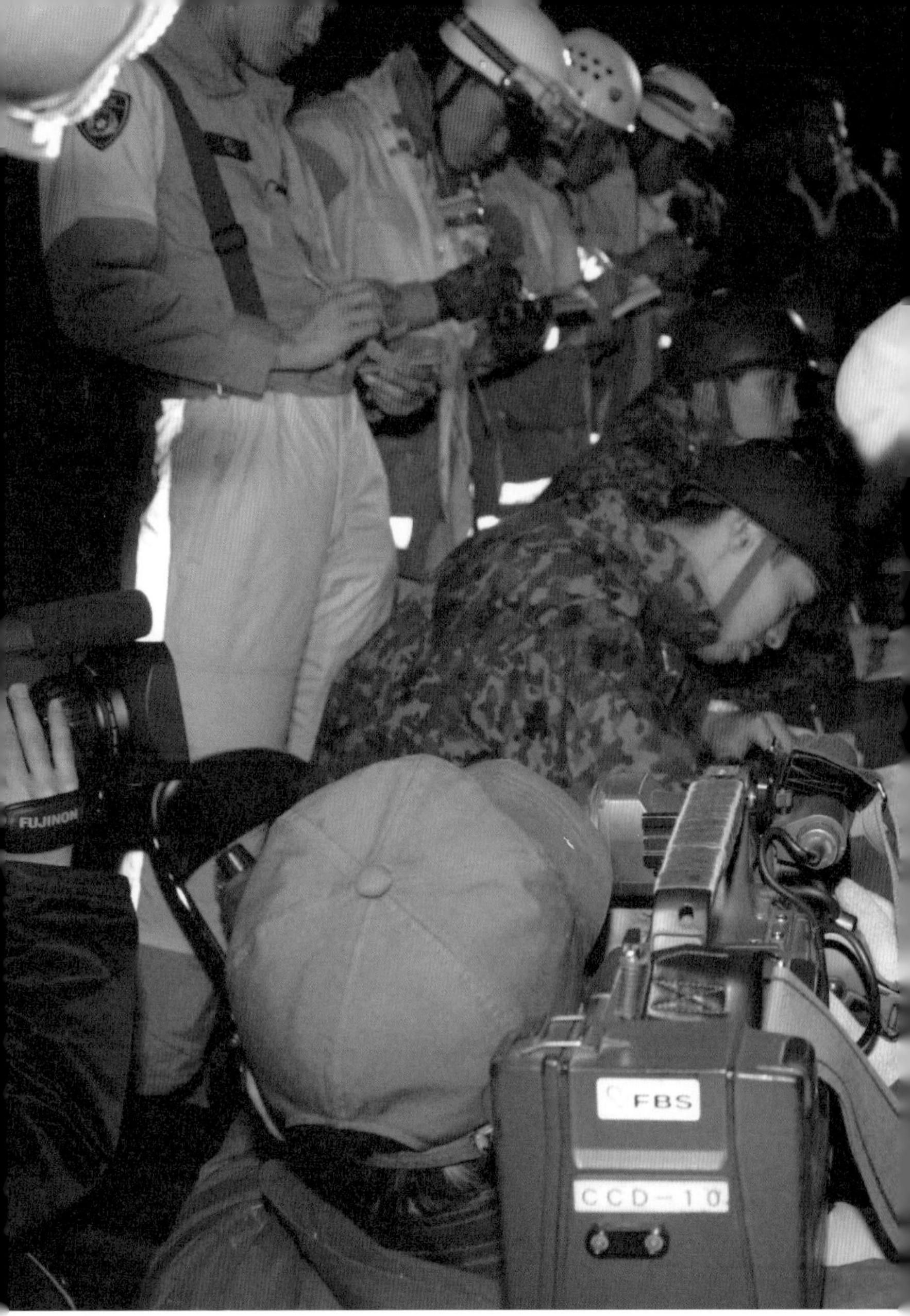
FUJINON
FBS
CCD-10

災害派遣間重要な輸送力となった連絡船。一時帰島を許可された時の状況。

第4章

残った10人の代表者と余震の状況

島の代表と漁業関係者

島民が船に乗り、島を出ていく映像は、各メディアが照明を使用し、港は今までになく明るく照らされました。島民の方たちを乗せた船が港を去ってしまうと、撮影用ライトも消され、いつもの港に戻りました。

住民がいなくなり、人口密度はかなり減ったと思っていたのですが、自衛隊と関係機関を合わせると250名近くの人員が災害対応をしており、メディアの人たちも各社大人数を送り込んでいるため、合わせると400名以上が来島して夜間も作業や偵察を続けたり取材をしているので、主要道路は多くの人が行き交っている状態でした。静けさが戻るというよりも、多くの人が動き回り、活気のある状態でした。何か声が上がると、メディアの人たちが取材をするためにわっと集まるような状態です。

漁協の建物の2階が現地対策本部になっており、1階が島の代表者として漁協関係者の10名が会合をしたり、生活を行うスペースです。1階に顔を出すと、いつもは気丈な人たちも「連隊長、これからどう進むのですか」、「私たちは何をしたらいいのですか」、「いつみんなが戻れますか」など皆さん不安を口にします。私は、仮設住宅ができるのは1ヵ月後になる

発災当初、要配慮者救助を行っている隊員。

ので、それまでは避難生活が続くこと、新たな住宅をどこに作っていくかなどを市や県と話し合いをしていかなければならないこと、そして皆さんがこれから夢のある島の復興を行う原動力になることを話しました。「我々が強い心を持って進めていかなければならないのですね」と彼らの目に光が戻りました。

島の状況を調べて被害の状況を確認したり、危険な場所を表示したり、雨が降っても部屋の中が濡れないようにブルーシートを張ったり、道路の後片付けやペットの世話、冷蔵庫の中身の処分など、当面やることは細かいことを含めていろいろありますから、一緒に進めていきましょうと話しました。

これからは朝と夕に災害対策本部会議が開催されるので、代表の人が参加し、災害対応について必要な協力や意見を述べたりできるようA職員に話をしておきますと伝え、部屋を出ました。

2階に常駐して頑張っているA職員のところに行き、これから長い災害対応で住民と協力していくことがとても重要になるので、住民の方にも災害対策本部会議に参加していただき、連携を図るように提案すると、快く受け入れて下さいました。「明日からも頑張りましょう」と話しました。時計を見ると2時をすぎていました。

余震の状況

災害初日は、港近くの空き地に展張した6人用テントで仮眠をとれるように連隊本部の庶務のメンバーが準備してくれています。「食事は缶詰です」と食事も準備して待っていてくれました。連隊長ドライバーや庶務のメンバーが身の回りの世話をしてくれるのは、とてもありがたいことだと思います。

「もうすぐお茶が入ります」という副官の声が聞こえ、目の前に冷たい缶詰のごはん（缶飯）とウインナーの缶詰とたくあんの缶詰が準備されていました。

お茶を飲むと、熱いお茶が食道を通り胃の中に落ちていくのがわかりました。身体が温まってくると急に食欲が出てきました。

「みんな食事にしよう」と言うと、「ハイ」と副官たちの元気な声が返ってきました。

あっという間に缶詰を平らげていました。お腹が減っていたのだなと、食べ終わってからわかりました。遅い夕食というよりも早朝の食事を終了し、少し仮眠をとることにしました。

余震が10分おきに「ドーン、ガクッ」と続いている状態なので、いつまた大きな地震がくるかわかりません。半長靴を履いたまま、エアマットの上に寝転がりました。まだ3月なので薄いテントの中は寒く、毛布数枚を使って寝る状態です。底冷えしているので、ジャンパーを着たまま、毛布を掛けて横になることにしました。

目をつぶると、地面の奥深いところで、何かが高速で回転しているようなウイーンという音なのか、微動のようなものを感じます。地面が生きていて活動しているようです。その地面の奥深いところで高速回転している何かが、突然引っかかるような状態になって高速回転が止まる感じになると「ドーン、ガクッ」と、どこから聞こえてくるかわからない音がして、揺れがきます。何回かに1回「ドーン、ガク、ガク、ガクッ」と揺れが長いと、震度3程度の揺れです。

揺れが終わると引っかかっていたものがなくなるようで、また地面の奥深いところで、何かが高速で回転を始めます。そしてまた、10分もすると何かに引っかかり「ドーン、ガクッ」がきます。この状態が一晩中続くと思うと、玄界島の人たちが早いうちに船で島を離れたのは正解だったなと思いました。神経が高まっているのか眠くならないので、テントの周りを歩いてみることにしました。

自分のテントの場所より海に近いところに、オレンジ色のテントがありました。このテントで下に何も敷かないで寝ている、警察や消防の人たちはさぞ寒いだろうな、寒くて寝られ

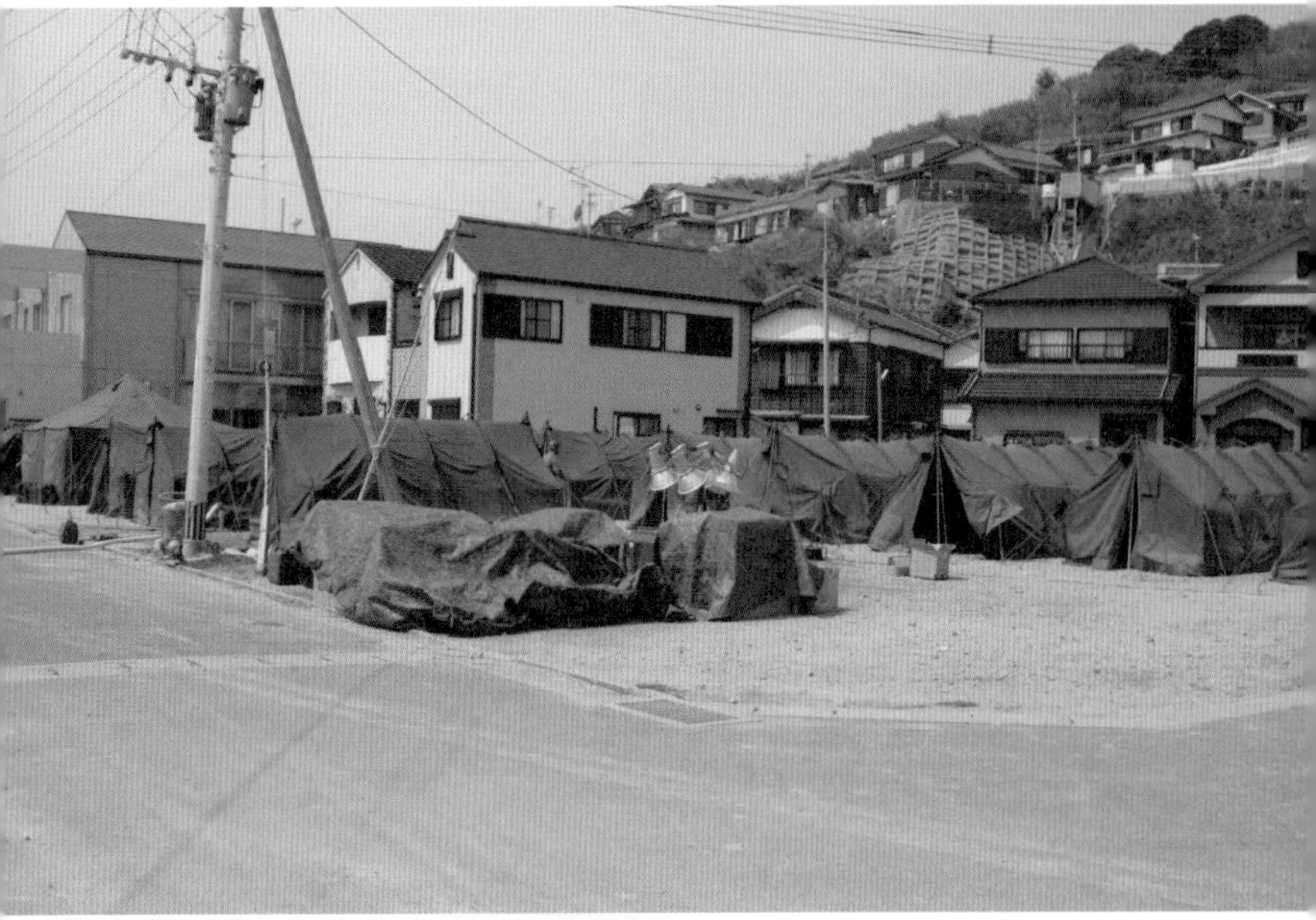

天幕を展張して設置した陸上自衛隊宿泊地域の状況。

ないのではと思いました。避難所として使用していた建物を使わせてもらえるように、明日島民代表の方と話をしようと思いました。

トイレに行くと、仮設トイレが1つのみで、間もなく容量オーバーになるところです。どこも同じ状態であるはずです。仮設トイレの設置要望をA職員へ行う必要がありました。何とかトイレが溢れずトイレ問題が表面化しないのは、片道35分で福岡の港に移動することができ、割合軽易に移動ができるため島に泊まらなくともメディアの人たちは取材を続けることができ、上手く活用しているからだと思います。しかし、どこも一杯の状態なので、早急に手を打たなければなりません。

テントに戻り、高速回転と「ドーン、ガクッ」を聞きながら、処置すべき事項をメモしたり考えているうちに、自然と身体を休めることができました。

師団長の現地視察

災害が発生して2日目に、師団長が明日来島するとの連絡を受けました。災害の規模、今後現地でどのような災害派遣活動をするのか、正確に掴んでいただく必要があります。そして、ボスである師団長が現場に足を運んで、玄界島の被災状況、部隊の活動状況の視察及び部隊への激励をして下さるのは心強く、嬉しいものだと思いました。

3日目、午前中ヘリの運航は問題がない気象のため、師団長の玄界島視察が正式に決まりました。ヘリポートで師団長を出迎えるため待機していると、中型ヘリコプターUH‐1独特の飛行音が聞こえてきました。UH‐1は、島を1周して状況を確認した後に、ヘリポートへ着陸しました。師団長に敬礼して、ダウンウォッシュのないところへ誘導すると、「元気そうだな、状況は？」と質問があり、現地災害対策本部へ歩きながら概要を説明しました。

師団として、さらに多くの戦力投入が必要であるのか、40連隊にはない新たな機能を保有する部隊の投入が必要なのか、災害派遣の段階はどの段階に入ったかが、オペレーション上の主要事項と考えました。

人命救助の段階は終了し、民生支援の段階に入っていること、戦力的には1個中隊規模で対応できるため、40連隊独自でローテーションをしながら災害派遣活動は続けられること、新たな機能は必要がなく、消毒を行う場合の消毒液の補給をお願いしたいことを話しました。

災害対策本部において、家屋の倒壊場所、崖崩れの場所を、地図を拡大した図を用いて報告し、現地視察経路について説明をしました。

「よく状況がわかったよ。ありがとう」と言われ、師団長には満足していただいたようでした。席を立ち視察へ向かうとき、

「連隊長ちょっと」と手招きされ、

「人命救助が終了し、撤収のことを考えていると思うが、もう少しいてくれるか。県が激甚災害の指定を受ける手続きをしており、自衛隊にいてほしいという要望がある」と小声で言われました。

「ハイ」と答えるのと同時に、政策的な判断がはたらいているのがわかりました。

部隊が動きやすいような環境を作りながら、師団長自身もいろいろな面で対応し、苦労されているのだなと思いました。活動しやすい場を作っていただいている現地実動部隊として、40連隊は命じられたことをしっかりやり切らなければならないと思いました。

島内の視察は、3科長の石田3佐が先導して案内します。

「思った以上に、メディアの人たちが来ている中での活動だね」と、島内で何度もすれ違うメディアの人たちを見て驚いていました。

狭く急な坂道を登ったり降りたりする経路を歩き、少しでもスペースがあれば急な斜面に家を建てているので丈夫ではなく、ほとんどの家が使用できないことを確認されていました。

何度も歩いている経路なのですが、歩いていて、「あれ、道を間違えているのかな」という感覚を持ちました。道は間違っていないはずなのに、目の前に現れる景色が違うからです。いつもは土壁があるはずの場所に壁がなく、風呂場とトイレが見えるからです。おかしいなと思いながら、その場所をよく見てみると、土壁が家の中の方向へ倒れて、中が丸見えの状態になっているのがわかりました。継続している余震は、ボディブローのように家屋にダメージを与えていることがわかり、壁がなくなると家の強度がかなり低下してしまうので、倒壊の危険性も出てきました。

何か要望事項はあるかと聞かれたので、仮設トイレを早急に設置することや、牛丼のレトルト食ただ1種類のみ師団から補給されて毎食牛丼を食べていて、しかもまだ1週間牛丼が続く状態なので、可能ならばレトルトの種類を変えていただけると嬉しいと話しました。玄界島への補給を定期便で行う補給路の開設を早急に行うことを指示すると言われました。

仮設トイレの件を了解され、レトルトの種類にバリエーションをもたせ、時々弁当食を供給することを約束していただきました。

師団長は、島民が避難して無人になっている家屋や港の状況、診療所を確認された後、「当分頑張ってもらいたい。引き続きよろしく」と言われ、迎えのヘリに乗って帰られました。

師団長現地視察時、現地災害対策本部内で師団長へ状況報告を行っている連隊長（著者）。師団長による現地確認と活動部隊への激励により部隊の士気が上がる。

倒壊の危険がある家屋や場所に立ち
入り禁止の表示を行っている隊員。

斜面に建てられた家に行くための重要な経路となる階段の多い道路の障害物を取り除いている隊員。

素早く玄界島へ展開し活躍する国土交通省地方整備局の各種車両。

国土交通省地方整備局の指揮用車両の内部。

災害対策本部内の小倉第40普通科連隊前方指揮所で活動する連隊本部要員。

個人でできる災害対策

危機管理の「枠」の作り方

危機管理の「枠」の作り方をもっと具体的に考えていきましょう。28ページのコラム❶で述べたように、まず、枠はできるだけ細かく、具体的でないといけません。例えば地震火災というだけではだめで、自分の部屋で寝ているときに地震火災が起きたら、というようにしなければいけません。枠が抽象的になるほど、ぼやければぼやけるほど、危機管理としての効果は薄くなります。風呂に入っているときは風呂に入っている枠を作らなければいけないし、職場で自分のデスクにいるときにはその枠を作らなければならない。明確な枠をいくつも作る必要があるんです。これをスピーディに行う練習をしましょう。

私たちが開催している危機管理の講習では、1個の枠を作りその対応を考えるのに、まず30分という時間制限を設けます。時間が短いと思われるかもしれませんが、調べ始めると情報がとめどなく出てくるので、いつまでも調べ続けてしまうものなんです。ですから、一定の時間で区切らないといけません。もちろん30分で完璧な枠や対応策ができあがるはずはなく、プランは穴だらけです。ですが危機管理のプランというのは、いい意味で絶対に完成することはありません。それを毎日の生活の中でブラッシュアップし、正確なものに調整していくという作業を続けることが大切なんです。

私の友人にイスラエルのカウンターテロ部隊に所属している男性がいるのですが、彼から、訓練で教えられる銃の構え方がすぐ変わってしまうという話を聞いたことがあります。これは、第一線にいる人ほど日々プランを更新しているということを意味しています。一度作ったからといって安心してしまってはいけないし、反対に不安にばかり思ってしまってもいけません。ニュートラルな気持ちで毎日更新していかなければならないのです。

では、枠作りの手順をもう少し具体的に説明しましょう。枠作りの手順は次の5段階に大きく分けられます。

①状況設定
②リスクのピックアップ
③リスクの細分化
④リスクの消去
⑤リカバリープランを作る

まず第1段階は、状況設定です。自宅のダイニングで朝食を食べていたときに大きな地震が起きて火災が発生したらとか、通勤で地下鉄に乗っていて○○駅付近で地震が起きたらとかいうように、自分の日常生活でありがちなシチュエーションを想定します。いつ、どこで、何が起きたと考えるか、また、そのときの自分の状況はどうなのか、一人なのか、家族など誰か他の人と一緒なのかといったことも決めておきます。

第2段階は、リスクのピックアップ。定めた状況の中で起こりうる危機をすべて洗い出します。このときに、それぞれの危機の危険度の高さも認識しておいてもいいでしょう。例えば、命に関わるような危険はレッド、中程度の危険はイエローというようにです。このとき、レッドかイエローかというのは、その対象によっても変わってきます。例えば、自分の命だけを考えたらイエローでも、子供のことを考えたらレッドになることもあるでしょう。そうやって、考えられる危険をひとつひとつ整理していきます。

第3段階のリスクの細分化は、つまりケーススタディです。地震が発生してなぜ火災が起こるのかというメカニズムを知らなければいけませんので、実際に地震火災がどのような状況で起きているのかという具体例を調べる作業をします。

今は安全装置があるので多くはないですが、ストーブが倒れてカーテンに火が付くとか、ガスが漏れている状況で電気がショートして火花が散ってしまったとか、あるいは熱帯魚を飼っている水槽のヒーターが原因ということもあります。珍しいものでは、ガスレンジの前にあった棚が地震で倒れて、コンロのスイッチを押してしまった、さらに棚の上に置いてあった雑巾がコンロの火の上に落ちて燃えてしまったというケースもあります。こうしたケーススタディを行うことで、コンロの前の棚の上に雑巾を置いておいても危険なんだなとか、気をつけるべきポイントが見えてきます。

そうしたら次は第４段階目のリスクの消去です。今言った例で言うと、棚の上に雑巾を置かないということになります。ただ、そうして考えられるリスクのすべてを排除しようとすると、生活がとても味気ないものになってしまいます。また、社会生活の中で人間関係に影響することもあるでしょう。例えば喫煙所から出火するというリスクがあるから喫煙所をすべてなくしてしまったりすると、職場の人間関係がギクシャクしたりするということも考えられます。いろいろな意味でバランスを見て適度に行うのがいいでしょう。

それから、現実的に排除できないリスクというものもたくさん存在します。台風そのものとか地震そのものはなくすことはできないですし、いろいろな事情で排除できないものもありますよね。ですが、そういう場合でもどんなリスクがそこにあるかをはっきりさせておくだけで、実際に災害が起きたときに対処がしやすくなるんです。これはリスクの明確化と呼ばれるものです。

女性に護身術を教えるときに、走りにくいからハイヒールを履くなと言うと大ブーイングを受けます。そこで、ハイヒールを履くというリスクは排除しませんが、ハイヒールを履いた状態でどのくらいの距離を、どのくらいのスピードで走れるかくらいは知っておいてほしいとお願いします。これもリスクの明確化と言えます。

そして第5段階のリカバリープランというのは、実際に起きてしまった事柄に対し、どういう方法で対処するのかということです。代表的なのが、ランデブーポイントを決めておくということでしょう。

ランデブーポイントとは、つまり合流場所のことです。何かあったとき、家族全員の安否が確認できるように、そして離れ離れにならないために、どこに集まるかをあらかじめ決めておくということです。災害が起きてしまうと、あらかじめ決めておいた地点の状況が一変していることもあるので、ポイントはできるだけわかりやすい場所を選ぶこと。そして複数ヵ所決めておくことも大事です。普通なら備蓄がある自宅が第一のポイント、そして自宅からもっとも近い避難場所が第二のポイントとなるでしょう。

あとは自宅が火事になった場合のランデブーポイントというのもあります。これは火事になって外に逃げたときに家族の安否がわかるようにするためのもので、家の前のこの木の前というように、できるだけ細かく場所を設定しておくことが大切です。家の前くらいでは場所があいまいすぎて、即座に互いの安全を確認することができません。

リスクの種類によってはこの5段階の流れすべては必要ない場合もありますが、基本的にはこの5段階の流れを1枠30分くらいで終わらせます。プラン作成はやればやるだけ出てきてしまうので、まずは淡白に終わらせることが大切です。自分の中でストーリーができてさえいれば、日常生活の中でそのプランに肉付けをしていくことが可能になります。

よく災害対策の本なんかで、簡易トイレや、レジ袋を使ったおむつとか、空き缶を利用したランタンなどの作り方が紹介されていますが、こうした情報はストーリーがない状態で読んでも、そのときなるほどと思うだけで、実際には記憶に残りにくいものです。しかし、枠がしっかりできていて、どんなシーンでどんなことが必要になるのかというイメージができている人にとっては非常に有効な情報で、これがどんどん骨組みに付く肉になっていくものなのです。

第5章

陸上自衛隊はなぜ
災害派遣で怪我をしないのか

危険見積りと徹底した安全管理

陸上自衛隊は、災害派遣活動はもとより、厳しく危険な地域で行う作戦行動において、まず、現地の気象の影響や道路状況、標高、植生などの地形の特性を把握し、現地の危険見積りを具体的に実施します。

危険見積りに基づき、現地の行動に適合した装備を準備し、危険度に応じ対応可能な部隊・隊員を選考します。次に、現地の最新の情報を収集する偵察部隊をヘリコプターで送り込み、主力の投入場所や行動計画の最終確認を行います。

さらに、行動上危険な場所は、立ち入り禁止にしたり、迂回の処置をします。安全確保の処置が終了するまで、危険な場所や危険が予想される場所には安易に踏み込みません。

特殊な機材や普段使わない装備がある場合は、現地に行くまでの短い時間を使用して、機材などを使えるように、所望のレベルに達するまで訓練を繰り返します。

情報の分析と危険見積りに基づき部隊の運用を決定し、災害派遣行動計画ができあがります。災害派遣計画には、降雨がひどくなりさらなる土砂災害が多数発生する場合、さらに大きい地震がきたときの対応など、状況が予想以上に悪化する最悪の場合の状態に対処するための「緊急対処計画」も作成し、装備や必要資材を準備します。

災害派遣行動計画が作成された後、各部隊の行動は、災害派遣行動計画の必要な部分を命令にして部隊へ示されます。任務を受領した部隊は、幹部を主体としたメンバーが、どのような活動をするか、現地での具体的な行動計画を細部まで作成します。

その後、主力に先立って現地へ先行する「先遣部隊」のチームリーダーを集め、先行した隊員による部隊主力の誘導要領、現地対策本部において調整すべき内容、多数の車両が駐車できるスペースの確保、宿営場所の決定と宿営準備など、地図を使用した確認や行動要領を時間の許す限り行います。

特に、災害発生現場、活動中における2次災害の防止、緊急時の退避要領を重視して詰め、安全確保を徹底します。指揮官は、部隊が必要な行動を確実に実施できるかを点検しながら、不安定な事項を明らかにして、安全な活動ができるように指導します。

安全を確実に確保し行動することができるように、部隊・隊員は日々訓練を積み上げています。陸上自衛隊の隊員は、身体が強く厳しい訓練をしているので怪我をしないのではありません。現地の偵察、危険見積りを行い、現地での対応行動を具体化して、必要とする装備と事前の教育訓練を実施します。そして、指揮官が安全確保に強い関心を持ち部隊を指導し、改善を進めていくから、安全を確保できるのです。

新隊員の目に驚く

40連隊の作戦運用・教育訓練を担当する石田3科長へ「3日後の交代要員の選定を進めること」を指示し、長期対応の準備を進めることにしたときです。3科長が「どうしましょうか」と言うので、

「何が」と聞くと、

「2士（2等陸士：入隊して1年経過していない隊員）と新隊員が災害派遣に参加したいと各中隊で言っていますが、メンバー選考をいかにしましょうか」とのことでした。

中隊に配置されて半年未満の隊員のため、戦闘技術が十分でなく経験や知識も少ないので、災害現場における危険の察知と回避が上手くできそうになく、怪我をするかもしれないと思ったからでした。

当初、2士は補給品を配布する後方支援で運用するように伝えていましたが、

「まず、彼らに志願ありがとうと伝えてほしい」と話し、

「第2陣からは志願者を連れて行くことと、選考については、連れて行っても大丈夫なレベ

ルかは中隊長が判断すること」を伝えました。

自衛隊に入る理由は、少子化が進むにつれて変化します。兄弟が多かった時代は、資格を取るため、早目に家から出て仕事をする価値を自衛隊入隊に求めていた人（両親）が多かったのですが、少子化の時代になると、大事な1人息子を自衛隊に入れる理由は大きく変化します。「国際貢献活動に参加したい」、「災害派遣に行き地域の人の役に立ちたい」と考える人が多くなったのです。このような背景から、新隊員は初めての災害派遣に対して参加希望を中隊長へ強く伝えたのでしょう。彼らは、中隊長に「自分を連れて行って下さい」、「どういうレベルなら連れて行ってもらえるのですか」と訴えたのです。

部隊では、新隊員教育を重視し教育訓練の改善を進めていたときでもありました。新隊員の教育訓練を、部隊でもそれぞれの戦闘技術のトップクラスの者が教官となり、できるまで補備教育をしながら実施し、成果が出てきたところでした。そのため、日々の訓練への姿勢とレベルから気を抜かなければ、今回の玄界島災害派遣参加については問題ないと考えていました。

これが、連れて行こうと決心した理由です。

災害派遣の第2陣は、入隊してまだ自衛隊生活が1年未満の2士も含んで、現場で活動することになりました。経験と知識と訓練がまだ不十分な彼らを2次災害の恐れのある災害現場へ連れて行くことは、自分としてもやや心配であり、何とか無事に帰さないといけないと考えていました。

災害現場に来てから4日目に、7名の新隊員がヘリコプターから降りてきました。ヘリコプターは、乗るときと降りるときではまったく違う景色になります。ましてや災害現場へ向かうヘリへ搭乗した場合、危険度が急激に高くなります。新隊員が搭乗した場所は、安全で普通の生活をすることができる小倉駐屯地内部のグラウンドですが、30分ヘリに搭乗して降りた場所は、厳しい災害現場のど真ん中に着陸しています。たった30分で大きく状況が変化したとき、新隊員はどのような行動・反応をするかによって、最終的な運用を決めようと考えていました。

ヘリのローターの音が大きくなり、着陸態勢に入りました。「ついに来たな」と思い、どんな行動をとるか見ていると、いつもの訓練と同じようにテキパキと装具を持って降りてきました。ヘリから離れた場所に移動した新隊員は、現場を確認するため、周りを見回していました。近づいてみると自分の方が新隊員によって驚かされたのです。

それは、新隊員の目でした。

首をゆっくり振りながら災害現場を確認している新隊員の目は、目に入ってくる情報を何ひとつ見落とさないように、黒目がブラックホールのようになり、得られる情報は何でも細部まで全部吸い込んでしまうような状態になっていたからです。まるで、周りの空気を黒目がシュウシュウ音を立てながらドンドン吸い込んでいるように感じたのです。

人間が、全能力を使って状況を把握しようとしているとき、「黒目がブラックホールのようになり、ドンドン吸い込んでいるように見える」ことを知りました。石田3科長が、

「連隊長、新隊員はどうでしょうか」と聞くので、

「ここで動けるレベルにあるな。集中力を確認しながら、半日は普通の隊員と一緒に現場に出してもいいよ」と答えました。

「そうですね。ではその通りに指示します」と返ってきました。

新隊員は、ヘリから降りてから装具を集会所に置きに行く間、歩きながらこの災害現場の状況がどの程度のものなのか、自分のレベルで対応できるものなのか、危険度と対応能力を比較しているようでした。荷物を置いて外に出てきたときの彼らの顔を見て、対策本部へ戻ることにしました。目がしっかり正面を捉えていて力があり、訓練のときと同じ柔らかな身のこなしを確認したからです。

災害派遣となると、経験を積んだベテランが力を発揮します。ベテラン陸曹が活動のコツや注意点などその場その場で教えることを、新隊員は余すことなく吸い込み、チーム員としての行動ができるようになっていきました。次の日には、普段の訓練でチームを組んでいるときの一員となっていて、新隊員というより普通の隊員に見えるようになっていました。杉がぐんぐん成長していくように、新隊員は日々伸びていることがわかるほどの成長度を示したのです。

災害現場で逞しく成長している彼らを見ているうちに、あっという間に3日間がすぎ、新隊員が駐屯地へ戻る部隊交代の時期がきました。次の交代部隊が来て新隊員が帰るとき、ぬるま湯の中で生活している若年陸曹では相手にならないと思うほど、新隊員は強い男になって船に乗り込んでいきました。たとえ短い期間の経験でも、厳しい中で自分をコントロールして任務を達成すると、急激に成長することを実感しました。一方で、だらだらした生活をいくらしても月日だけがすぎてしまうことも痛感しました。石田3科長が「若いメンバーは成長が早いですね」と嬉しそうに言います。

船からは、新たな新隊員が下船してきました。全員が下船し、装具点検をしているのを確認していると、新隊員の黒目がまたブラックホールのようになっていました。

「成長するな、彼らも」と思わず石田3科長に言うと、石田3科長が嬉しそうに微笑んでいました。

短時間に情報を把握し、自分の能力でどこまで安全を確保できるかを判断する能力はとても重要です。厳しい環境の中で災害派遣を経験した隊員、特に若い隊員は、任務を達成して帰隊時、一回り以上、いや二回り人間が成長し、力強い後ろ姿になっていました。

成長するには理由があります。彼らは毎日全能力を使って行動しているからです。「新隊員の行動」を通じて、つねに危険を察知するアンテナを張り、自分の置かれた状況を正しく認識して行動する「日々の訓練」が、災害派遣活動にも活かされていたことを確認できる一場面となりました。

家財を濡らすな

連隊の情報を担当する第2科長から、地震発生から3日後、強い雨と風が予想される気象に関する報告を受けました。現在、玄界島のほとんどの家屋には赤や黄色の建物の診断の札(建物危険度判定)が貼られています。中に入ることを禁じたり、一時的にしか入れないような家の状態のため、雨が降れば雨漏りによって家財が濡れる可能性が大です。玄界島の島民の方たちは、10名の代表者を除いて島を離れ、福岡市の避難所で避難所生活をしています。余震が継続し、島内は危険な状態のため、雨によって家財が使えなくなるかもしれないのに島へ戻ることができません。地震により家屋の被害が発生し避難生活を余儀なくされているのに加え、大事な家財が濡れてしまい使い物にならなくなると、大きな精神的打撃を受けると思いました。

特に、家財が濡れて使えなくなると、女性の落胆が大きいだろうと感じました。

「雨が降る前に家財を守る処置をしましょう」と現地災害対策本部会議で提案しました。

3日後には降雨が予想されるので、2日間で家屋にビニールシートを被せてはどうか会議にかけると、ビニールシートはどこから持ってくるのか、いかに運搬をするのかなど、当初は心配することや処置することが多く、たくさんの発言が出ました。

「島民の方たちが一番心配していることを皆で協力してやりましょう。ビニールシートは、自衛隊の保有するものをヘリで運びます」と発言すると、A職員がすぐに

「ビニールシートを市から供給できるように話してみます。連絡船に乗せて運ぶ手続きをとります」と心強い発言が出ました。

早速、現地災害対策本部から師団へ連絡を行い、

「師団が了解しました。準備でき次第、UH－1で第1陣として補給を開始するとのことです」と3科長が素早い対応をしました。

警察、消防の人たちも、ビニールシートがきたら自分たちも屋根に被せる作業を行いますと、ひとつの方向に向かって皆が動き始めました。A職員も、市役所との調整を頑張って行っています。

「雨が降る前にビニールシートを張るので、2000枚のブルーシートと固定用のロープ、土のうを集めて連絡船で送って下さい。急に言われても困るではなく、島の災害対策を関係機関、皆でやろうとしているので急いでお願いします。自衛隊のヘリで自衛隊の保有するシートの運搬が始まります。補給をお願いします」と粘り強く物資供給を要請されていました。

「自衛隊では、現地から師団司令部へ要請を出すとすぐに返答が返ってきて、その行動や要請事項が具現化されるのはなぜですか」とA職員から質問を受けました。そこで、

「市役所ではなぜ、なかなか要請が通らないのですか」と聞いてみると、

「船の調整、シートなどの物資の調整、仮設トイレ、食料、水など、それぞれ関係する部長まで了解をもらわなくてはいけない仕組みになっているので、どうして必要なのか、何で2000枚なのか、経費はどうするのかなど、現地の要望を理解し、動き始めるのに時間が

かかるからです」と答えが返ってきました。

今では、市町村の災害対策本部が素早い対応を可能にするようになりましたが、当時はA職員が説明する状況でした。福岡市内の対処もあり、市役所は2正面作戦という災害対応を行っていたので大変だったと思います。

「自衛隊は、現地指揮官が責任と権限を有し、40連隊の上級部隊である師団が、現地が動きやすいように全力で支援する運用をするからです。そのようにしないと、戦闘では勝利を掴むのは難しいからです」と答えると、現地指揮官に大きな権限を与えられていることに大きな驚きを受けていました。

一方、市役所のA職員は役職が高くないため、相手方の担当者と話をし担当する課長の許可を受けなくてはならない関係にあり、現地の訴えや要請がなかなか市役所全体へ伝わらないことがわかりました。

「1回、部長に見に来ていただけるといいですね」と言うと、そうもいかないのですと苦笑いされていました。

市役所から1名だけ玄界島へ派遣され、権限を持たず調整をしている姿を見て、緊急時に素早く効果的に対応できる戦闘組織の強さを改めて認識しました。ところが驚いたことに、

災害派遣活動は警察、消防、自衛隊が常に協力して実施した。

数日後の天気予報は雨。急遽防水のためにブルーシート展張を開始する隊員。

次の現地災害対策会議のとき、市役所から関係部長が玄界島に来島していて、現状を把握していたのです。A職員から、「部長です」と紹介を受けた瞬間、「これで一気に災害対応が進むな」と感じました。

予想よりも早く大量のビニールシートが島へ補給され、必要な資材が一挙に揃いました。さらに、必要な資材を要請すると迅速に届くようになりました。

作戦で言うと、補給線が確保できた状態になりました。

夜間戦闘訓練である

物資の問題がクリアできたら、次はビニールシートを屋根に被せる作業を雨が降る前に完了させなければなりません。作業は急ぐ必要がありますが、安全管理も重要です。災害派遣に出ている部隊で事故が発生したり、隊員が負傷するようなことがあってはならないからです。

被害を受けた住居は、倒壊しそうな状態のものからまだ躯体がしっかりしたものまでさまざまな状態になっているため、住居の特性を掴んで作業をする必要がありました。余震が続いている危険な状態であり、いつ大きな余震がくるかわからないため、屋根の上で作業する隊員の安全確保の処置が必要でした。余震によって隊員がバランスを崩し、屋根から落下する可能性があるからです。

隊員が発案した方法は、隊員2名がペアを組みロープでお互いを結びます。1人の隊員が屋根の傾斜部分で作業を行うとき、もう1人の隊員が反対側の傾斜部分で作業を行います。片方の隊員が滑り落ちそうになっても、屋根の頂上の向こう側の隊員が重りとなるので、落ちないで止まるという方式です。ペアになった隊員はお互いに声をかけながらさっとシートを屋根に被せることができます。なかなか優れた安全確保の要領です。

3日後には雨の予報が出ているため、実質作業に使える時間は、本日の午後、2日目の午前と午後、3日目の朝～雨が降るまでです。作業見積りを行っている3科の訓練幹部から、作業量からすると雨が降るまでに屋根へのビニールシート掛けは終了できないため、40名程度の人員の増加が必要であると報告を受けました。今では夜間も救出活動を行うようになりましたが、当時、災害派遣は2次災害防止のため夜間は活動を一時中止にして、部隊を引き上げることが一般的でした。

運用訓練幹部の報告は、駐屯地へ今から連絡を行えば夕から夜にかけて増員が可能なタイミングを捉えた適切なものでした。避難所で生活している島の人たちは、雨が降る気象情報を確認しており、一刻も早く家財が濡れない処置を待ち望んでいるはずです。また私は、今回の災害派遣の活動を訓練に結びつけることはできないかについても考えていました。

夜間戦闘訓練能力を高めるため、部隊は日が暮れても作業をそのまま続行し、作業完了を2日目の午後早いうちに終了させることにしました。屋根に上がると揺れるほどダメージを受けている家屋もあり、かなりの危険を覚悟しなければなりません。運用訓練幹部は、「危険な状況での夜間作業になります」と曇った顔で言います。

その通りですが、

「どうすれば安全にできるか一緒に考えよう」と話すと、腕組みをしながら頭の中でいろいろ思いを巡らせているようです。

すると、運用訓練幹部の頭の上で電球が光ったのがわかりました。

「何か思いついたようだね」と言うと、

「ローライトコンディションCQBの訓練をやればいいですね」と返ってきました。

ローライトコンディションCQBは、40連隊が得意とする戦闘要領です。89式小銃に強い光を発するライトを装着し、一瞬、ライトを照射して目標確認後、射撃により敵を倒すコンバットライトを使用した戦闘の要領です。光を照射された敵は目がくらみ、よく見えない状態になるとともに、暗視装置は強い光によってハレーションを起こして使用できなくなります。真っ暗闇の中、移動をしながらコンバットライトで照射して射撃を行うため、同士討ちになりやすく高い銃のコントロール技術とチームワークが必要な戦闘要領です。

「コンバットライトは夜間照明器具を使うのはどうでしょう」とますます面白いアイデアが出てきます。

「師団長に夜間作業の許可をとるよ」と言うと、

「照明器具を船で運んでもらえるように調整し、すぐに作業部隊に対してローライトコンディションCQB訓練実施について指示を伝えます」と言い残し、あっという間に部屋から消えてしまいました。師団長へ夜間作業について報告すると、

「やってくれるか、ありがとう」と言っていただけました。中隊長2人がやってきて、

「連隊長、玄界島でローライトコンディションCQBの訓練ができるとは思いませんでした」と言います。

「戦闘ではなく、シート張りだから簡単なオペレーションだよ。怪我したら恥だぞ」と話すと、

「災害派遣でも、40連隊の強さを示します。メディアの取材もありますか」とやる気満々です。いいタイミングで広報室長が入ってきて

「メディアへの連絡終わりました。皆さん楽しみにしています」と報告を受けました。中隊長たちは、

「安全最優先で活動します」と敬礼し、出口付近にいる広報室長に

「いい絵頼むよ」と言って出ていきました。

照明機材は20機セットほどいるなと考えていると、運用訓練幹部から

「照明機材の第1陣はチヌークで運搬すると師団から連絡がありました」と報告を受けました。

船での輸送も一番早い便で送るとのことで、日暮前には夜間作業を行える態勢が整う状態になりました。このやり取りを見ていたA職員は、当初、目を丸くしながら驚きの表情でしたが、笑みを浮かべて

「凄いですね。40連隊は行動が速くてチームワークがいいのに驚くというより、感動しました」と言ってくれたのが、何だかとても嬉しく感じました。

夜間作業に入る前に、中隊長は隊員を集合させ、大きな余震がきたら作業を中止して広場で待機すること、身体には引っかかるようなものを着けないこと、必ずペアで活動すること、危険と感じたら無理をせず報告することなどの夜間作業のための安全教育を行います。

安全係が体調を最終確認し、異常がなければ作業開始です。少し暗くなった段階から照明を開始し、効果的に明るくできる場所を確認します。大きな声も何もなく、静かに夜間照明が島の各場所で点灯され、昼間と同じように作業が進んでいきます。照明に照らし出された家屋に隊員が登り作業をしている光景は、メディアの人たちにとっても、いい映像が撮れたようでした。作業を確認していると、新聞記者の1人が近づいてきて、

「連隊長ですか？　40連隊は強い部隊ですね」と話しかけられました。

「部隊の取材は、かなりやられているのですか」と聞くと、

「自衛隊の取材は、今回が初めてです」と返ってきました。

「初めてなのに、どうして強いとわかるのですか」と聞いてみると、鋭い視点を持ち、よく見ていることがわかりました。

「隊員の人たちの服装や身体に着けるものが統一されていて、紐は垂らすことなく縛って短く引っかからないようにしています。全員がです。ほとんど声を出さず、手信号やライトで合図をしながら音もなく作業が進んでいくからです」と言われたからです。

「よくわかりますね」と言うと、いろいろな組織を見ているので自分なりの尺度はありますとのことでした。

「休憩するときもキチンとしています。組織の強さを感じます」という言葉を聞き、「隊員に伝えたら喜ぶと思います」とお礼を言い、次の作業現場へ移動しました。

シート張りの作業は思った以上に進み、2日目の昼には終了してしまいました。しかし、災害の後に雨が降るとき、風が強くなる傾向があるのか、風が出てくるとシートを紐と土のうで押さえていても風にあおられてしまい、シートがなびく状況になりました。これでは雨漏りを防ぐのは難しいので、ロープできつく締め付けるのですが、強い風でどうしてもシートがなびく状態になっていきます。

隊員から、島で使わなくなった漁網が置いてあるのでそれを使えば押さえられるというアイデアが出て、島に残っている代表の人に確認すると「自由に使って下さい」とのことでした。それで、2日の午前中から、早速、網でシートを固定していくと、風があっても持ち堪えていくことが可能になりました。網かけ作業も、2日目の夜までに何とか終了することができました。

ヘリポート付近の安全を確保する国土交通省地方整備局の車載照明灯。

ヘリポート付近で砂を詰め込み、土嚢を作成している隊員。

日頃訓練しているロープワーク技術を発揮する隊員。安全係が常に安全を確保する。

現場の作業状況を島民に
確認してもらいながら協力
して作業を進める中隊長。

ブルーシートが強風により飛ばされないように固定するため、島民から廃棄予定の漁網を提供して頂く。

ベテラン陸曹がリードしながら、ロープにより安全
確保を行い屋根で漁網の展張を進めている隊員。

「家財を濡らすな！」。雨が降る前に、照明灯を使用し徹夜で作業を進める隊員。

暗闇での戦闘訓練（ローライトコンディションCQB）をしている隊員の夜間活動は、素早く確実に進む。

ブルーシートにより民家の雨対策を開始。瓦屋根はほぼすべて被害を受けていることが確認できる。

島を離れた人へ自宅の状況を提供

玄界島には代表者10名を残し、島民の方は福岡市の体育館で避難所生活を送られています。災害派遣活動をするに当たって、いつも考えていたことがあります。それは、自分が玄界島の住民だったら、何をしてほしいかということです。自衛隊の活動は、人命救助が終了後、応急災害復旧や避難生活の支援を行います。今回心掛けたのは、きめ細かい住民の方への配慮です。自衛隊の活動は、素早く、ダイナミックに行う特徴があり、長所でもあります。長所と短所は表裏一体のものと捉えると、素早く、ダイナミックな分、作業が荒くなったり、きめ細かさがないというところが短所となります。今回の災害派遣では、人命救助の段階は終了し、応急災害復旧や避難生活の支援の段階に入りました。

急ぐオペレーションから丁寧に対応するオペレーションへ切り替わった状況になりました。毎日、島の点検を行っていると、余震がまだ激しいときは、前日は家の土壁沿いに歩いていたところが、次の日同じところを歩いていると、「あっ」と驚く光景がありました。余震によって壁が崩れてしまい、家の中が見えている状態になっていたからです。一瞬、道を間違ったのかと勘違いしてしまうほどでした。強い雨が予想されたので、徹夜で屋根にビニールシートを掛けて家財を保護してきました。

私たちは、島に所在し毎日リアルタイムで状況を確認できますが、玄界島の住民の人たちは船で島を離れて以来、島の状況を確認していません。自衛隊の災害派遣では、自分たちの街、自分の家という感覚はなく、被災住宅の保全という見方で活動しています。

住民の立場に立った場合、「避難所で毎日どのような気持ちで生活をしているのか」に思いを寄せたとき、住民の人たちの頭から離れないことは、「自分の家は、今どのようになっているのだろうか。避難生活の後に住むことができるのだろうか」だと思いました。

広報室長に、毎日往復しているヘリによって上空の映像を撮影できるかどうか、師団と調整を始めること、各家を撮影した写真を体育館に貼り出す準備を指示しました。すぐに師団からヘリによる撮影の協力を得られることと、撮影した画像や映像を避難所で確認できる準備のため、師団の広報室と調整を開始し、問題なく進めることが可能な報告を受けました。

併せて、島民代表の10人から、自分の家の状況を確認したいという強い要望があった報告をしてくれました。手回しのいい広報室長に礼を言い、すぐに開始することを指示しました。

空と地上から撮影した映像は、避難所の体育館のステージに設置したテレビで放映したり、壁に大きく映し出して、玄界島の人たちに確認していただきました。体育館の廊下の掲示板には、各家の写真を貼り出しました。

島や自分の家を確認できたので、皆さんとても喜んでいました。しかし、同時に思った以上に家屋の損傷は大きく、住むことが難しい、厳しい現実も認識されました。

天候の悪化により家財が濡れてしまう心配は、上空から撮影した映像を確認され安堵したこと、徹夜でシート張りを行い、しのげる状態になったことへの感謝の意を、避難所に設置しているノートへの寄せ書きや島の代表者からいただきました。

40連隊の隊員全員が明るい顔になり、モチベーションが上がったことは言うまでもありません。

column-❸

個人でできる災害対策

サバイバルの優先順位

災害が起きてしまった後の行動の指標のひとつに、「自助、共助、公助」というものがあります。これは、もともとはレスキューの考えで、セルフレスキュー・ファースト、つまり、まずは自分の安全を最優先するということです。

自分の安全を最優先すると言っても、自分だけが助かればいいということではありません。自分の足元がしっかりしていない状態で他の人を助けようとしても、二次災害が起きて被害者の数が増えてしまう危険性があるということで、他の人のためにもまずは自分の安全を確保するべきという考えです。

まず自分を助ける「自助」を行い、自分の安全が確保されたら近隣の人など共同体で助け合う「共助」を行う。そして必要なら「公助」、すなわち公の助けをどう得るかというプランを立てなくてはいけません。

レスキュー隊員や兵士と違い、一般人には最初の段階の「自助」の技術や知識が圧倒的に足りていないのですが、ここは肉厚にしなければいけない部分です。そこで、ここではライフラインが途絶え、何の装備もない状態で屋外に放り出されたときに自分の命を守るためのベーシックな考え方を紹介したいと思います。

サバイバルを考えたとき、人間に必要となる要素は4つあります。その4つとは、体温の保持、水、火（光）、食糧なのですが、今列挙した順番がそのまま確保すべき優先順位になります。

まず最優先で考えなければいけないのが、体温の保持です。当たり前ですが、人間は氷点下の中に裸でいたらあっという間に死んでしまいます。また、夏でも濡れた状態で風に吹かれたままでいれば、わずか数時間で命を落とす、もしくは行動できない状態になってしまいます。ですが、体温の保持さえできれば、それだけで数日は生き延びられます。そして、そのために必要なのがシェルター、すなわち雨風から身体を守るための何らかの覆いです。

体温を保持すると言うと、焚き火などで暖をとるというイメージがあるかもしれませんが、第一に考えるべきなのは、外から熱を得ることより、もとからある自分の体温を外に逃さないことです。シェルターと言っても立派な避難所である必要はありません。体温を下げないためのものなので、小さなテントでもいいですし、ブルーシートを張って屋根や壁にするのでもいいでしょう。また、木の枝で骨組みを作り落ち葉を載せただけでも立派なシェルターになります。要は雨風を身体に直接当てなければいいわけですから。

シェルターを設置する場合は、ロケーション選びが大切です。気温が低い時期であれば、日当たりがよく、乾燥していて、風に当たらない場所が理想的です。冬の風は北側から吹くことが多いので、北側が山などでブロックされている場所がいいでしょう。暖かい場所と言うと南向きの場所がよさそうに思えますが、おすすめはそれより少し東側の東南向き。なぜなら、1日の中でもっとも寒さを感じる明け方に、一番早く太陽の光を迎え入れられる場所だからです。また、当然ながら土砂崩れなどが起きにくい安全な場所であること、必要なら水場との距離なども考慮しなければなりません。

体温の保持が確保できたら次に大切なのが、水分です。人間が水を飲まずに生きられる時間は、およそ72時間と言われているので、それまでに水分を確保しなければなりません。また、できるだけ汗をかかないように行動することも大切です。

ただ、水道が止まってしまったとしても、日本国内なら山に行けばたいてい川が流れていますし、湧き水も多いですよね。河川であれば上流に工場や民家がないかとか、動物の死骸がないかを調べる必要はありますが、日本は水自体は手に入れやすい環境だと思います。とはいえ、都心であったり、飲料に適さない水しか入手できないときのために、浄水器を用意しておくと安心です。これはできれば大腸菌を防げるものが望ましいです。今は

column-❸
個人でできる災害対策　サバイバルの優先順位

携帯できる浄水器もたくさん販売されているので、ぜひ持っておいてください。

浄水器を通した水をさらに煮沸殺菌すれば、なお安心です。火にかけられる鍋などの道具があれば簡単にできますし、道具がないときでも焼いた石を水に入れるなどの知識や技術があれば可能です。ちなみに、沢などからボトルで水を汲んで、煮沸した後にまたそのボトルに水を戻してしまったら意味がないので、気をつけなければなりません。

水の次は火です。火は熱を与えてくれるだけでなく、夜は光源にもなります。また、生のままでは食べられないようなものを調理して食べられるようにしてくれますし、見るだけでも心にエネルギーをくれるなど、心理的にも大いに役立つものです。

とはいえ、何もない状態から火を付けるのは簡単なことではありません。普段、都会で生活しているとスイッチひとつで火が得られますが、何の知識も経験もない人がマッチもライターもない状態で屋外で火を起こし、焚き火をするのは至難の技と言っていいでしょう。ですから、摩擦熱を使って火を起こす原始的な方法や、薪の集め方、火の育て方といった必要な技術は、日頃からキャンプなどを通して身につけておくことをおすすめします。遊びの一環として楽しみながら学んでいただければいいと思います。

なお、災害時にガスが漏れている場合、火は厳禁ですので、焚き火をするときには状況をよく考えてからにしなければなりません。火が使えない場合は、ライトなどの光があるだけでも安心感が得られます。熱が必要であれば、携帯用カイロも役立ちます。

そして、火の次にようやく食糧です。食料の優先順位がこんなに後ろでいいのかと思われるかもしれませんが、人間は食糧がなくても3週間から30日は生きられます。時間の余裕がありますから、体温の維持、水、火が確保できてから探せばいいのです。

食料については、何年ももつ保存食がたくさんありますので、それを備蓄しておくのがもっとも簡単です。そのまま食べられるものはもちろん、水やお湯さえあればとてもおいしくいただけるものもあります。これらも実際に非常事態になって初めて食べるのではなく、あらかじめ作り方や味を体験しておくといいでしょう。

もしこうした保存食がなければ、食料は他から調達しなければなりません。森には動物やきのこ、山菜がありますし、川や海には魚がいますし、道ばたに育つ野草も食べることができますが、これらを手に入れるにはまた知識や技術が必要になります。大型動物を獲る狩猟の技術となるとハードルが高いですが、釣りや山菜や野草に関する知識であれば入手は簡単です。こうしたアウトドアの知識や技術は災害時に間違いなく役立つものですから、趣味を兼ねて日頃から親しんでおくといいと思います。

column-❸

個人でできる災害対策　サバイバルの優先順位

第6章

小泉総理(当時)の現地視察

総理を迎える

余震の間隔が7時間に1回程度に長くなり、ドーンという音もなくなり、その震度も1程度に低下し始めると、住民の関心が日々の生活をいかに生きるかから、復旧と今後の復興の話へ移行していきます。これから復興にかかるお金の問題がクローズアップされます。

福岡県は、国に激甚災害指定を申請する話がニュースに出るようになってきました。今では、自衛隊は災害後の給水支援や生活支援を迅速に行うため出動するようになりましたが、当時は、災害現場における人命救助が終了した段階で通常、撤収していました。

島の体育館の自衛隊の休憩所で、そろそろ撤収の時期が近づいてきたなと思いながら、まだいつ可能になるかわからない災害派遣後に予定している実弾射撃の訓練要領を考えていると、連隊長車のドライバーから

「師団長から電話です」と言われました。

師団長から直接かかってくる電話は、業務の主要結節時の指示や状況の変化のときです。

撤収準備かなと思いながら、有線電話に出ると、

「おー、ご苦労さん、ご苦労さん」といつもの感じで師団長の声が聞こえてきました。

「明日、急きょ小泉総理が災害現場の玄界島を視察することが決まったので、受け入れ準備をしてもらいたい。自分も事前に来島するので2人でお迎えしよう」という内容でした。

「総理大臣がおいでになるのですか、玄界島に」と言うと、

「30分程度の現地視察になる予定なので、視察経路と、島民の方と少し話ができるように準備をしてほしい。総理の案内は、島の代表者が行うことになっている」と指示を受けました。

もうひとつ、

「激甚災害に指定されるかどうかの大事な時期なので、災害派遣は引き続き継続されるので、頑張ってほしい」という指示がありました。

災害派遣はもう少し継続されること、そしてこれから総理を迎える調整を開始する必要があることがわかりました。総理の視察経路については、皆を集めて1から決めようとすると時間がかかります。経路が決まってから、誰がどのように迎えるのか、そこでの説明をどのようにするかなど、現地で対応するメンバーに具体的な指示を出し、実際の総理視察の流れを現地で予行として確認することを考えると、日暮も早く、明日の午前中には本番のため時間はありません。

このようなときは、たたき台を作りそれをもとに話を進めていくと、早くスムーズに調整

が進みます。時間計画からするとそんなに多くの場所や遠くには行けないので、主要なところを歩きながら、島民代表の人に説明していただき、島の中心的な場所で懇談をしてもらう視察案を作りました。細部の時間調整と案内を40連隊の3科長が行うことにしました。関係機関は総理の後方を随行するという案を作り、師団長へ報告しました。

徒歩による視察10〜15分、災害現場で島民との懇談10分、ヘリの乗り降りにかかる時間を5分程度として、経路を設定し島民の方や関係機関の人たちと話し合い、最終的に現地対策本部会議で全員に説明と協力依頼を行いました。同時にこの案が福岡市、福岡県、警察・消防などの関係機関へ流されました。

「師団長から電話です」と言われ受話器を持つと、

「総理の視察は、玄界島で計画した通りに進めることで決まった。明日はチヌークで総理は移動する予定である。自分は総理到着20分前に玄界島へ行くので、ヘリから降りてくる総理を連隊長と2人で一番最初に出迎えよう」と嬉しい言葉をいただきました。

心に残る言葉

当日、総理到着前に関係機関のそれぞれの長や部課長を含め、船で多くの人が来島し、玄界島のヘリポート付近は、小泉総理を出迎える人たちが集まり熱気を帯びています。チヌークが着陸する場所は、島で一番の広場です。警察や消防関係者、メディアの人たちは、いつも自分たちが使用しているヘリと同じ感覚で着陸場の周りに集まっていますが、これでは間合いが近すぎるため、下がってもらわないとならない状態です。

自衛隊のヘリは、中型ヘリのUH－1でも長さが20m近い大きさなのです。チヌークは、高出力の大型ヘリでプロペラが2つあり、最大7トンを超えるものを吊り下げることができるため、ダウンウォッシュと呼ばれる下へ叩きつけるような風は、半端ではない強さになります。最低30mは着陸地域から離れる必要があります。

今回の着陸場となる漁港の隣にある広場は小石が多く混じった砂のため、着陸場から50mまでの間は土煙で何も見えなくなる状態になります。まるで砂漠で砂嵐にあった状態です。さらに、小豆大の小石が飛ばされる風のため、物陰に隠れていないと怪我の恐れがあります。

着陸場付近に集まっている人たちにチヌークのダウンウォッシュの説明を行い、100mほど下がった遮蔽物のところまで下がっていただくようにしましたが、ダウンウォッシュの威力を説明しても体験しないとわからないものなので、そんなに凄いのかなと腑に落ちないようでした。

「師団長ヘリが着陸します」と報告が入り、数分すると師団長が搭乗しているUH－1の音が聞こえてきました。

音の方を見ていると、最初は米粒大ですが、あっという間にUH－1が上空に現れ、着陸場の真上で高度を落とす段階になるとかなりの砂埃が舞い、服がザラザラになるほどです。UH－1のダウンウォッシュを味わった人たちは、大型ヘリでは大変なことになると理解し、待機位置まで素早く移動していきました。

師団長に現状報告を行い、小泉総理を迎える場所へ移動しました。小泉総理を迎える場所は、遮蔽物を利用し着陸場から努めて近い場所に設定しました。

「ここなら砂だらけにならないな」と師団長は言い、小泉首相を最初に迎える場所へ立ち、玄界島の代表者と主要な関係機関のメンバーが迎えるための列を作り始めました。師団長の後ろに待機していると、師団長から

「連隊長、連隊長は玄界島における災害派遣の現地指揮官なので、自分の横に並んで首相を出迎えるように」と、とても名誉な位置に並ぶように言われました。お礼を言うと、

「島で実際頑張っているのだから当然だよ」と言っていただいたとき、部下や人の心を掴むポイントとはこういうところなのだなと思いました。

10分後、「チヌークが着陸します」と連絡が入りました。音も大きく、高出力の機体であることがわかります。間もなくもの凄い砂嵐がきて周りが何も見えない状態になり、ダウンウォッシュで飛ばされた小石が遮蔽物にバチバチ当たっているのがわかります。

機体が着陸し、出力を絞ると砂嵐が止みます。機体の前方にタラップが置かれるとすぐに小泉首相が降りてきました。テレビでいつも見ている人が目の前に現れると、緊張というよりも自衛隊の最高指揮官にお会いできる喜びと興奮を感じました。

まず、師団長が出迎え握手した後、笑みを浮かべながら、おそらく「ご苦労様です」と言っていただいたのだと思いますが、小泉首相の言葉は頭の中になぜか残っていません。それは、手を握ったときの強烈な印象があったからです。

小泉首相の手は、白魚のように指が細く、厚さもなく女性の手のように見えました。握手をすると見た目よりもさらに細く、ギュッと握ったら折れてしまうような手の感触でした。熱弁をふるっている手は分厚く力強い感じかなと思っていたのとはまったく違う、小泉首相の手の印象は強烈でした。

災害現場は、玄界島の代表の人が案内を行います。小泉首相が、島の中心部へ歩きながら言った、

チヌークにより玄界島へ到着した小泉総理（当時）を出迎える連隊長（著者）。

「ここは、うまいヤズが採れるんだよねー」の一言で、緊張感が吹き飛びました。ヤズは、この島の生計を立てるための重要な魚であり、その一言で島民の心をがっちり掴みました。そして、島民が話しやすいキーワードを与えたのです。これで、緊張でこわばっていた顔が笑顔になり、おいしいヤズの漁の話から始まり、被災状況まで上手く伝わる話ができました。

今までは、メディアが小泉首相の言葉を上手く抜き取っていると思ってましたが、その状況を的確に表し、心に残る言葉を小泉首相が絶妙な形で話していることが映像になっているのだと感じました。また、とても聞き上手で、島民の話をウンウンと首を小さく振りながら聞き、話の合間に発する言葉は周りの人の心に注ぎ込まれる短いフレーズで、それがまた印象に残る感じでした。

現地視察は、短い時間でしたが、関係する人全員が高い満足感を感じるものとなりました。

各党の代表、九州地域出身の政治家が次々に来島

防衛庁長官政務官（当時）の対応は、自衛隊と島民代表の人たちで行いました。玄界島で活動しているすべての場所で「ご苦労様です。頑張って下さい」と心のこもった大きな声で隊員全員を激励され、隊員のモチベーションを高くしていただきました。素晴らしい現地視

察と激励だと感じました。

玄界島は、メディアに毎日取り上げられる状態だったため、政治家の関心も高く、災害現場へ毎日多くの野党の党首を含めた一団が訪れ、島民代表の方たちがすべて対応しました。被災現場にこれだけの政治家が毎日訪れると、島民代表は復旧や復興のことを検討する時間をなかなかとることができないほどです。中には、被災の激しいところをバックに災害現場に来たという証拠写真を撮っていて、皆で集まって記念写真を撮るような感じの団体もありました。

災害現場に対しては、対応する側の業務量が増加してしまうので、現地への関わり方はよく考えてほしいと思いました。

小泉進次郎さんとの出会い

話が飛びますが、小泉元総理と握手をした玄界島災害派遣から8年後、神奈川県横須賀市武山に所在する東部方面混成団長に着任しました。横須賀は、小泉進次郎衆議院議員の地元です。小泉進次郎衆議院議員は、若いときに武山駐屯地で体験入隊をされた経験があり、地元の部隊と隊員を大切にしていただいています。東部方面混成団のバックアップをしていただいている東部方面混成団協力会の会員でもあります。

新隊員の入隊式・卒業式、東部方面混成団創立記念行事に始まり、年末の餅つき大会まで東部方面混成団の行事には必ずと言っていいほど参加され、人を魅了する話と激励をされます。

会った瞬間から引き込まれてしまう人間的な魅力と心に注ぎ込まれる話は、予想を超えるものを持っていると感じました。もともとファンの家内は、餅つき大会で小泉進次郎衆議院議員と会話を交わした瞬間から、大ファンに変身してしまうほどです。

団長時代、多忙な中、表敬を申し込むと、気さくに面会の機会と懇談の時間をいただきました。事務所での表敬後、握手する機会がありました。握手した瞬間、親子2代と握手できる不思議な巡り合わせをこのとき感じました。

現地視察を行い島民代表から状
況説明を受ける小泉総理（当時）。

16

防衛庁長官政務官（当時）の現地視察に
対応する連隊長（著者）。部隊を激励し
て頂き隊員のモチベーションが上がる。

第7章

メディアは気合が入っている

安全確保と情報提供

玄界島へ向かう前から、記事を書けるだけの情報をメディアへつねに提供し続けること、及び現地では必ずヘルメット着用とし、安全確保のため倒壊現場への立ち入りを制限することを広報室長に指示しました。それは、前職の8師団3部長のとき、夜間のヘリの衝突事故の対応をしたときの経験があったからです。

夜間暗視眼鏡を使用して飛行訓練を行っていたときに衝突事故が発生し、2機のヘリが墜落、4名が亡くなった事故です。3月初旬に発生し、山の中にヘリは墜落しました。すぐに上空と地上から部隊を投入し、捜索活動を開始しました。現地はかなり冷え込むため、捜索活動を行う隊員は、防寒用の外被とズボンを着用するほどの状態でした。墜落現場は、四輪駆動車がやっと通れる程度の自然道をかなり登った場所でした。

ヘリの墜落の情報を入手した多くのメディアが、墜落現場へ撮影用のカメラを持って目指してきました。自然道の入り口をすぐに通行止めにしましたが、メディアの人たちは急斜面を登り山を迂回して、立ち入り制限を受けないようにして現場に集まってきました。

その恰好は、スーツに革靴でした。とにかく現場に急行しようとして、取材道具を携行してそのままの格好で早春の寒い山の状態をもろともせずに登ってきたのです。その中には、女性も含まれていました。低体温の恐れがある危険な行動ですが、そこまでしても現場に急行し取材をしようとする強い意志を持っているメディアの人たちを、生半可な態度では止めることはできません。取材のプロとして、命がけでプロの仕事をしているのを理解しなければ、何を情報提供するのか、何は提供できないのか、同じ意気込みを持ってプロと交渉しなければ、容易に言うことを聞いて引き下がる訳がありません。一晩中メディアとの厳しい対応が続きました。

朝を迎えると、捜索活動を行った隊員は、疲れ果て道のわきで仮眠をとり始めました。もの凄い馬力で活動したのと、厳しい現場であったので疲労もかなりのものだったことがわかります。早急に捜索部隊の交代の処置が必要だと考えながら、仮眠をとっている隊員を見ながら歩いていると、驚いた光景が目に飛び込んできました。

カメラを携行した取材チームの3人も隊員と同じ場所で仮眠をとっているのです。しかも、スーツのまま地面に寝転んでです。まだ朝は手袋が必要な状態なので大丈夫か心配になり、近くの隊員に確認すると、

「この人たちは筋金入りです。凄いです。日がよく当たっている場所を提供したので大丈夫

です」とのことでした。

ひなたに何個チームもメディアの人たちが寝ているのがわかりました。スーツ姿に革靴のままでした。自衛隊は戦闘のプロですが、メディアは取材のプロであることを、このとき強く認識しました。大変なやり取りをした相手なのですが、天晴れな姿だと思い、何だか親近感が生まれました。

この体験から、被災した玄界島へメディアの人たちは凄い勢いで、可能な限りの手段を駆使してやってくると考えました。危険も顧みず突き進む可能性もあります。広報室長へ示したのは、メディアの人たちは記事が書ける内容が入手できなければ、危険を冒してまでも探し回る可能性があるため、記者だまりと休憩場所を設定し、ホワイトボードへ記事が書ける内容をつねにアップデートすることです。もうひとつ、一番いい映像が撮れる場所にメディアの人たちを引率し、災害現場での活動を取材できるようにしました。

メディアの人たちと、立ち入り制限地域への立ち入りをしないこと、島内ではヘルメットを必ず着用することを守る紳士協定を結び、安全管理を徹底するように指示しました。広報室長と広報室のメンバーがメディアと上手く連携を進めることにより、災害派遣実施間、非常にいい関係が続きました。

救護活動に関する調整をしている第４師団衛生部隊、彼らの存在は心強い。

夜中の勉強会

島内を朝・昼・晩巡回して状況を確認しているとき、カメラを持っている取材グループの人たちから話しかけられ、対応をしていると名刺をいただきました。その名刺には、沖縄県という文字がありました。沖縄県から来たのですかと聞くと、NHKの人たちは沖縄を含み九州全体で玄界島取材のための人員ローテーションをしていると説明していただきました。かなりの力の入れようだなと感じるとともに、報道はしばらく続くことがわかりました。

数日が経過しても、メディアの人たちの人数はあまり減りません。

新聞の朝刊の締め切りは午前1時30分頃で、テレビのニュースも23時頃のニュース番組が終了すると仕事が終了します。自衛隊の災害派遣活動も人命救助の段階や緊急な対応が終了すると、夜間の活動は通常行わなくなります。

そこで、より自衛隊の活動を理解してもらえるようにメディアの人たちと勉強会を開いたらどうかなと思い、広報を通じ連絡すると、多くのメディアの人が参加を希望していることがわかりました。

陸上自衛隊の編成から始まり、第4師団はヘリを保有し師団独自で行動ができるように情報、通信、補給整備、衛生機能を保有していること、第40普通科連隊の災害派遣の担任地域、災害派遣、隊員の生活などを紹介し、災害派遣の記事を作成するのに当たって背景事項がよくわかるように話をしました。その後、質問に答えながら、なぜこのような行動をするのかなどの理解が進むように話をしました。

メディアの方から、「隊員の人はインタビューを受けないようにしたり、なぜ淡白な答えをするのか」という疑問が出ました。災害派遣活動に集中するためではありますが、自分が間違ったことを言ってしまったり、余計なことを話した内容がニュースに流れたり、新聞に載ると組織に迷惑をかけてしまう恐れがあること、上司から何勝手なこと言っているんだと指導を受けるからです、と説明すると、

「よいことをしているのに逃げる必要はなく、行っている活動を話してもらえれば、多くの人へ紹介できると思うのですが」と返ってきました。

今まで、自衛隊がニュースに出るときは、何かよくないことをしたときが多く、そこでまた何か余計なことを言ってはいけないという認識があり、メディアのインタビューを受けても何もいいことはないというイメージがあるからだと話すと、

「メディアは事故や事件が起こったり、隠ぺいをしたときは徹底して調べようとするからだ

と思いますが、メディアにはもうひとつ、地方の行事や活動、今回の自衛隊の災害派遣での活躍を多くの人へ紹介し、広めるという役割もあるのです」と話していただきました。

「いい絵を撮ったり、活動をもっと紹介したいのですが、いかがですか」と聞かれ、

「襟に階級章が着いている陸曹以上で、活動を長く停止することがなければ、対応するように話しておきます。まだ、慣れていないので、できれば広報のメンバーにあの人に聞いてもいいかと確認していただくと嬉しいです」と答えました。

インタビューも紳士的に行っていただき、隊員も徐々に自分たちのやっていることをしっかり話せるようになりました。さらに、自分たちの活動の意味を上手く伝える努力をするようになり、災害派遣の活動だけではなく訓練や教育にも波及でき、隊員の成長につながりました。

当初、勉強会は、自衛隊からの説明が主と考えていましたが、メディアの人たちとの会話も弾み、とても有意義な勉強会となりました。勉強会を続けていると、知った顔が多くなり、島の中でも声をかけたり、かけられたりするようになってきました。顔の見える関係ができあがりました。

連隊長！ 夕刊いい記事書きますよ

メディアの人たちも、数日で他のメンバーとローテーションを行っているところが多く、社に戻るときなど、

「次は3日後にまた来ます。頑張って下さい」と島を離れるときに声をかけられるようになりました。

あるとき、取材が終わり、漁船で島を離れる記者の人から、

「連隊長！ 夕刊いい記事書きますよ」と手を振りながら大きい声で言われました。

前日の夜、勉強会に参加した人でした。終わった後もいろいろ話していた人でした。記者の人のお礼は、記事なのかなと思いながら、何か嬉しい気持ちになりました。

災害派遣を通じ、特に地元のメディアや記者の人たちとの関係が進みました。連日、各テレビ局で40連隊の災害派遣の活動が放送され、玄界島で活動している部隊と交代するため、「災害派遣」という大きな垂れ幕を付けた車両が小倉駐屯地から次々に出発していく映像や、玄界島から駐屯地に帰隊する映像と実際の行動を同時並行的に見ることができる状況でした。

このような映像が毎日放送され、実際の行動に触れているので、地域の人たちには、地元

で災害が発生しても玄界島で活躍している40連隊と小倉駐屯地が所在することが広く認識され、心強く頼もしく感じてもらえたようです。そして、親しみが出てきたのではないかと思います。

このため、各テレビ局で40連隊や小倉駐屯地が取り上げられることが多くなりました。北九州のNHKでも、小倉駐屯地へ幼稚園児が虫取りに来て楽しんでいるような風景が、昼のニュース終了のときの映像に出たり、小倉駐屯地の行事が今まで以上に放送されるようになりました。

災害派遣が終了した後も、福岡県西方沖地震の災害派遣を振り返るインタビューが地元テレビで放送されたり、私の連隊長離任の前には、1週間ほど同じ場所で生活した西日本新聞の記者の人がカメラマンとともに来隊し、「名物連隊長小倉を去る」という記事を載せていただきました。

column-❹

個人でできる災害対策

ＥＤＣを作る

災害時の備えのひとつとしてよく挙げられるのが、防災バッグとかゴーバッグなどと言われる非常持ち出し袋です。これは避難した先で数日過ごすための食料や道具類をすぐ持ち出せるように用意しておくもので、災害時にはとても役立つものです。ぜひ自宅なら家族全員分、そして通勤する会社や子供が通う学校にも用意しておきたいものです。

しかし、災害はいつやってくるかわかりません。通勤や通学の途中や出張、旅行中などに、突然災害に襲われることもあるのです。そこで注目度が高まっているのがＥＤＣと言われるものです。

ＥＤＣとはエブリデイ・キャリーの略で、外出中に災害に遭ってしまったときのためにつねに持ち歩くための防災グッズのことです。ポーチなどにまとめておくのが普通ですが、ビジネスバッグなどに入れて持ち歩くものですから、できるだけコンパクトなものが望ましいです。ですから、入れるアイテムは、避難先などで快適に過ごすためのものではなくて、辛いけど死なずには済むというラインで選ぶ必要があります。先にサバイバルの優先順位として、体温の保持、水、火（光）、食料という4つの要素を挙げましたが、そのひとつずつを満たすものを選ぶといいでしょう。私の場合をお話しすると、ライフラインがない状態で72時間生き延びるためのものという前提で選んでいます。

まず体温を保つためのシェルターとして、私はコンパクトに畳めるタープをバッグに1枚入れています。大きなものではないですが、これで雨風をしのぐことはできます。羽織ることくらいしかできないサイズですが、薄くて保温性が高いエマージェンシーシートというのを選ぶ人も多いですね。

水に関して言えば、飲料水は車に常備していますが、それに加えて都会を流れる川の水でも飲めるくらいにできる浄水作用があり、都市災害時にも機能するボトル式の浄水器を携帯しています。ただ、私はこれを水筒として普段から使っているので、ＥＤＣのひとつとしては考えていません。あくまで普段使いの水筒です。一般的には、５００㎖のペットボトルを1本つねにバッグに入れておくだけでもいいでしょう。これで生き延びられる時間が1週間くらいは伸びるはずです。

火に関しては、都市災害の場合は火を起こせないことが多いので、熱を伴わない火、つまりライトを持ち歩いています。これは明るさが3段階で調節でき、ＳＯＳ信号も発信できるものですが、モバイルバッテリーにもなるので、スマートフォンの充電用として使用しています。

ライトだけじゃ不安、火を起こさないと死ぬ状況もあるはずだろうということで、ライターや、濡れても拭き取ればすぐ着火できるメタルマッチ、あるいはゴトク付きでコンパクトに持ち運べるエスビットという固形燃料を持ち歩いている人もいます。

食料は、ミックスナッツをいつもバッグに入れていますね。栄養豊富なミックスナッツはサバイバル食の王様のようなもの。これも普段からおやつとして食べています。栄養価やカロリーが高い携帯食は他にもたくさんあるので、自分なりに考えて選べばいいと思います。

浄水器もライトも食料もですが、私自身はそれらをＥＤＣとしてではなく日常的に使う道具として考えています。緊急時と日常の差が少ないほどいいので、緊急時に使えるものを普段から使うように心掛けているんです。そうしていくと、ＥＤＣをどんどん小さくコンパクトにすることができます。最小限の道具でも、技術や知識があれば、72時間程度なら十分生き延びられますので、皆さんにも自分なりのＥＤＣというものを考えていただきたいと思います。

column-❹

個人でできる災害対策　EDCを作る

第8章

島民の願い

人命救助が終了し、応急処置をした段階で

災害派遣は、始まりよりも終了することが難しいと言われてきました。

現在は、災害発生に伴い迅速に情報を収集し、部隊を展開するのが当たり前になってきました。始まりもスムーズに対応するための即応体制をつねにとっておく必要があるため、始まりも難しくなっていると言えます。

「始まりよりも撤収が難しい」という言葉は、災害が発生した場合、速やかに出動している現在の状況と、私が小隊長だった時代の1980年代、災害派遣に対する対応がかなり違う状態だった頃からあるのではないかと思います。当時、災害派遣は、代替性がなければなかなか出動しない時代背景があったからです。自衛隊に対する国民の感情や、部隊が出動することへのアレルギーなどがあり、災害対応で自衛隊が出ることはあまり多くありませんでした。

自衛隊側も、本当に自衛隊が出なければならないか、他の関係機関が対応できるのではないかについて確実に見極め、世論に叩かれない大義を確認しながら災害派遣を実施していたところがあり、現在のような即応をあまり要求されることはありませんでした。

そのような時代背景があっても、災害派遣に出動した自衛隊が被災地において労をいとわず被災者の人命救助や生活支援を行う行動は、当時も今も変わりません。被災地の住民から、人命救助で出動した自衛隊に対して、人命救助が終了に近くなり部隊が撤収する頃になると、被災地の生活支援を続けてほしい、後片付けを手伝ってほしいという要望が出てきて、災害派遣の期間延長を望みます。

現在では、多くのボランティアが被災地へ入り、側溝の泥上げや家の中の使えなくなってしまった家財の運び出し、清掃、福祉活動など多岐にわたる支援を行います。しかし、当時は近所の人たちが力を合わせて後片付けを行うだけで、現在のようなボランティア活動、災害時のボランティアという言葉自体、ほとんど聞くことはありませんでした。

そのため、自衛隊が撤収してしまった後、片付けすべてを自分たちや自治体で行わなければならない状況になります。できる限り自衛隊に残ってもらい、後片付けを手伝ってもらいたいと考えるのは当然だと思います。

人命救助が終了し、応急的な復旧の目途がついた段階で、災害派遣を終了しようとしても、自治体が延長を希望するため、部隊がなかなか撤収することができない状況になります。自衛隊は、市町村長に自衛隊の災害派遣における活動が終了したことを丁寧に説明しますが、なかなか了承していただくことができない状態が続きます。

ボランティア活動がある現在とは状況が異なりますが、「始まりよりも撤収が難しい」と言われる所以です。この言葉にはさらに深い意味があるのを、撤収が近づくにつれて知ることになりました。

撤収するか、残るか

人命救助は、早いうちに終了し、雨対策や、崩れた石を運び道路も使用できる状態になり、島民も玄界島に10名の代表者を残し福岡市の体育館へ避難したため、生活支援を行う必要もほとんどなく、激甚災害指定も国から指定されることが確実になってきました。

島内の後片付けやストーブの灯油の抜き取り、屋根の壊れた家に青いビニールシートを被せ、その補修も行い、撤収の時期になりました。

10名の代表者と毎日話している1科長へ、島民から撤収の話が出るように雑談しながら上手く進めていくように指示を出しましたが、

「雑談の中で撤収の話をしようとすると、何だかはぐらかされてしまい、上手くできません」

と報告を受けました。

後片付けもほとんど行い、もうやること自体がなくなってしまった状態で、間もなく仮設住宅の建設や復興のための住宅を建てる話が出てきている状況なのに、不思議でした。

1科長は島民代表者と話をしようとしますが、撤収の言葉が出ないように出ないように会話が進んでしまい、

「災害対応について島民はとても感謝していると、感謝の言葉をたくさんいただいているときに撤収という言葉を言ってみたのですか、まあ、いいじゃないですかと言われ、これから島の復興をどうしようかの話になってしまいます」と苦戦しています。

自衛隊の活動はもう十分であると認識しているのに、撤収してほしくない島民の心を理解する必要がありました。

心の支えになっている

朝鮮半島に近い地理的特性がある北九州市に所在する40連隊は、侵攻する敵から国土を守り、ゲリラやコマンドーに対応する役割があります。そのため、日夜訓練を行い高い対処能力を保持することが必要となります。玄界島での災害派遣活動はほぼやり尽くしたので、そろそろ部隊の訓練を進めさせてもらいたい話を島の代表者にすることにしました。

夕食後、いつも島の代表者の人たちが協議したり日常生活を行っている場所へ行くことにしました。部屋に入った瞬間、島の代表者の人たちは、私が撤収の話をしに来たことがわかったようでした。

仮設住宅の話や、復興後に建設される住宅は高いビルになるけれどもいいと思うか、などの話をしていると、島の代表者の長の人が突然話を切り出しました。

「自衛隊の人たち、40連隊の隊員の皆さんに感謝しています。撤収の時期がきていることも承知していますが、お願いがあるのです」と話し始めました。

「これから仮設住宅が建設され、復興が始まっていきますが、皆さんが帰ってしまうと島民が避難している島が寂しくなってしまうのです。ほとんどの家が住めない状態になってしまい、これから長い時間をかけて復興をしていくことを考えると、心が折れそうになる私たちの心を、自衛隊の人たちが支えてくれています」と言われました。

いろいろな災害派遣を経験してきましたが、「存在していることが心の支えになる」という言葉は、モチベーションが上がり、災害派遣で頑張ったかいがあったことや、存在価値を感じるものでした。

そうだったらもう少しいようと思いたくなりますが、力強く復興を行うために、この状況はいつか終わりにしなければならないものでもありました。そして国土防衛の任務を達成するために、部隊を練成しなければなりません。

島の代表者の温かい心に触れ、仲間のように感じていただいたことに感謝をして、その晩は宿営している場所へ戻りました。

「始まりよりも撤収が難しい」。この言葉の深さを感じました。

師団から玄界島からの撤収指示

島民代表は、島民へ島内の状況の説明や各種要望を伝えるため、定期的に島を離れ福岡市内の避難所、市・県庁を訪問します。師団から県へ、応急復旧の段階も終わりに近づいてきたので、災害派遣要請をこれで終了してもらいたい旨を伝えると、県・市は、島民代表へ災害派遣終了について伝達します。

島民代表と市・県庁がどのような話をしているかは、現地部隊は知るよしもありませんが、師団から災害派遣の終了を県・市に伝えても、島民代表が首を縦に振らず、話が進まないという情報提供がありました。

しばらくすると師団長から電話がかかってきました。

「師団としては、災害派遣を終了したいと考えているが、現地がなかなか了解をしてくれず、時期が決定できない状況にあるが、まだやることはあるのか」という質問を受けました。

「現地でも撤収の時期がきていると認識しています。もうやることがなく、少々困ってきたところです」と答えると、

「では、なぜ撤収を受け入れてもらえないんだ」と聞かれました。

「玄界島の島民代表の方たちは、今まで多くの自衛隊の隊員とともに島の復旧・復興を進めてきたので、今まだ復旧もこれからというところで、自衛隊がいなくなると寂しくなってしまうというところが本音です。それが撤収を拒む理由にはできないので、島民代表も苦しんでいるところです。そこまで信頼していただいてとても嬉しく思います。そして、心苦しいところがあります」と答えました。

「島民代表の方たちは、本音をよく話してくれたね。連隊長、何かいい案はないか」と言われたので、昨夜考えた案を話しました。

「ある程度の人数の自衛隊員が、玄界島に残れば寂しさを感じないと思います。民生支援を中心にした部隊に切り換えることによって、何とか納得していただけるのではないかと思います」と話すと、師団長は「わかった」と言われた後、一呼吸置いて

「40連隊は3日後指揮所を閉所し、小倉へ帰隊だ。玄界島には通信中継、医療、後方支援要員を引き続き配置することにしよう。明日、島へ師団の防衛班長を行かせて島の代表の方たちを説得し了解をいただく。これでどうか」師団長から撤収に関する方針が出ました。

撤収に関する方針に基づき、40連隊の撤収を行う指示を部隊に出しました。小倉駐屯地には、撤収する多くの機材整備をする準備を進めることにしました。

2中隊長の鬼木3佐と2科長から、40連隊指揮所閉所式を島内全員が参加する形で行いましょうという提案がありました。「関係したメンバーも望んでいると思います」と言われると心が揺れますが、時がきたら島民代表の人たちに挨拶後、通常の交代を行うように島を離れる決心をしていました。

40連隊が去った後も、引き続き第4師団の部隊が残り、災害派遣活動は継続します。戦場からの途中離脱を行うこと、島民の方たちは引き続き復興に向けこれから大変な道のりを歩まなければならないのに、儀式は必要がないこと、閉所式を大々的に行うと余計寂しさが増すのではないかと考えたからです。

帰る時期《とき》がきました

島民代表に時間をとっていただき、第4師団3部の防衛班長と、部隊の交代に関する師団の方針を伝えることになりました。人命救助の段階を終了し、応急復旧も目途がつき、復興のための計画が進んできたことを防衛班長が丁寧に話しますが、

「今こんな状態で40連隊がいなくなっては困る。まだ、復興がどうなるかもわからない状態で、島民の心は不安定な状態である」と、取り合ってもらえません。

自衛隊には国土防衛の任務があり、そのための訓練を計画的に進めていくため、自治体が活動を始め、民間が動けるようになる頃にはバトンを渡して本来の業務へ戻ることについて話しても、首を横に振るばかりです。

防衛班長が衛生部隊、通信中継要員、補給・整備要員などが残るので玄界島から自衛隊がいなくなることはないこと、人命救助主体の活動を行う普通科連隊の役割は民生支援活動を行うのに適した部隊へ切り替わるときがきたので、通常の交代であることを丁寧に話しました。

島民代表は、下を向いたまま話を聞き、同じように首は横に振るばかりでした。これは、

理屈では解決できないなと感じ、連隊長として何を伝えるべきかをずっと考えていました。北部九州の防衛・警備を担当する師団における40連隊の役割や教育訓練の必要性をわかりやすく説明した方がいいのか、今回の災害派遣は師団長の命令によって40連隊が玄界島に来たが、部隊交代の命令があり、それをしなければならないと話した方がいいのか、いろいろな説明の仕方が頭の中を巡り回りました。しかし、なかなか、いい言葉が見つかりません。

防衛班長に頑張ってもらうのにも限界があります。防衛班長と目が合ったとき、自然に言葉が出ました。

「代表、40連隊の活動に対して多くの配慮をいただきありがとうございました。島の復旧・復興まで一緒に活動したい気持ちで一杯です」と話したとき、下を向いていた島民代表はこちらを見ました。これ以上言わないでほしいという顔でした。自然に出た言葉は、

「帰る時期《とき》がきました」

しばらくなのか、ほんの少しの時間だったのかよく覚えていませんが、島民代表から「そうですか」と返ってきました。とても寂しそうな表情だったのだけが頭に残っています。

このような状況で、盛大に40連隊の40連隊指揮所閉所式を行うことはできません。通常の部隊交代のように部隊を駐屯地へ戻し、交代部隊は送り込まない形で玄界島を後にしようと

思いました。

静かな撤収行動

宿泊所として島民代表の人たちから使わせていただいている、小さめの屋内体育施設の石油ストーブの黄色い炎を見ながら「明後日で玄界島災害派遣は終了だな」と、任務を無事に遂行できたことや、多くの貴重な経験を、部隊・隊員だけではなく個人的にも経験できる活動だったなと考えていました。まだ早春のため、結構冷えます。任務が終了するのですが、なぜか寂しさが心から消えません。災害派遣が終了すれば、強さを追求するための訓練を思いっ切りできると考えても、心が何か整理できません。

副官や庶務のメンバーも何かスッキリしないようでした。島民代表の人たちと力を合わせ、さらに、警察・消防や関係機関の人たちと人命救助や応急復興をしてきた玄界島に、愛着が湧いてきたからです。師団の部隊へバトンを渡し、40連隊は島を後にするのですが、一緒に活動してきた仲間を置いて自分たちが帰ることに、何か心の抵抗があるのでしょう。

40連隊指揮所へ行くと、3科長から、現在の指揮所から診療所となっている建物に師団の指揮所を移す予定なので、40連隊指揮所閉所式をした方がいいのではないか、ひとつの区切りになると連絡がきている報告を受けました。1科長から、島民代表の人たちから「遠慮しないで必要なことは行って下さい」と言われていること、広報室長からメディアの人たちも部隊交代の場面を記事にしたい希望があること、2科長からA職員も大きく災害対応が変わる変換点になるので行ってほしいなど、次々に40連隊指揮所閉所式を行うことの適切性に関する報告を受けました。

鬼木2中隊長からは、

「40連隊指揮所閉所式をやらないと隊員の心の整理ができません」と言われました。中隊長は、隊員の気持ちを代弁したものだと思いました。

このとき、自分たちだけではなく関係者全員の人たちを含め、心の整理をするための結節点として、象徴となる40連隊指揮所閉所式が必要であると理解しました。

「40連隊指揮所閉所式をやろう」と言うと、たちまち40連隊指揮所閉所式実施計画が、関係機関やメディアも含め調整されてできあがりました。

40連隊指揮所閉所式の取りまとめは1科長が行い、準備が進んでいきます。予行も行われ、40連隊指揮所の看板を、最後の玄界島災害派遣担当中隊長の鬼木2中隊長から連隊長の私に渡され、終了します。

小倉駐屯地への帰隊はヘリで行う予定です。このとき、最後にヘリに乗り込むのは自分と決めました。

40連隊撤収前夜、島民代表の人たちと今まで過ごしてきた時間を共有しながら、多くの話をしました。そのときにわかったことがありました。島民代表の1人は、予備自衛官であることでした。島民代表のメンバーとしての立ち位置をキチンとするため、40連隊の災害派遣が終了するまで、中立的な立場を貫いていたとのことでした。今考えると、すべての活動を通じ、島民代表の人たちは部隊が活動しやすい環境をいつも作ってくれ、凄いなと感じていた理由がこれでわかりました。上手く対応していただいたことに感謝です。

次の日、朝食をとっていると、情報を担当する2科長から、ヘリでの撤収を行う時間帯は霧が発生して、視界を確保できない可能性が高いと報告を受けました。1科長から、「師団はヘリ輸送を中止し、船による輸送に切り換える判断をしました。連絡船は、ヘリで出発するのと同じ時刻で出るので、40連隊指揮所閉所式は予定通りの時間で進めます」と報告を受けました。

40連隊指揮所閉所式は、島民代表の人たちと関係機関の長、そして、カメラを持ったメディアが集まった以外人がおらず、簡素というか、かなり寂しい閉所式となりました。鬼木中隊長が、建物の入り口に掲げてある看板を外して返納した後、部隊は引き続き列を作って港へ向かいます。心もち隊員行進に気合が入っているのに気づき、不思議に思いました。

港へ続く見通しのよくない道から、港に出たときでした。玄界島にいるメンバー全員が見送りに来ていて、「オオッ」という声が上がった後、たくさんの拍手をいただいたのです。「ありがとうございました」、「ご苦労様でした」という声をかけていただきながら乗船開始です。メディアの人たちも大勢出てきて、港はかなりの人が集まりました。1科長から、「乗船後にデッキに出て皆さんに挨拶して下さい」と言われました。

「皆さん頑張って下さい！」と敬礼をすると、多くの人が手を振ってくれました。

島民代表の方たちも発着場に整列して手を振っています。1人素晴らしく上手な敬礼をしている人がいました。島民代表の1人で予備自衛官の人でした。よく見ると、建物の窓、堤防の上、小高い場所、テトラポットの上などいろいろな場所で、多くの人たちが手を振っています。メディアの人たちも仕事の手を止め、手を振って笑顔で送っていただいているのがわかりました。船は、手を振っていただいている皆様へ手を振り返せる速度で、港の出口に向かっていきます。

港は岩場とテトラポットによって囲まれています。港の出口まで岩場が続く場所にも多くの人たちがいて、見送ってくれています。一人一人の顔が確認できます。一緒に災害対応を行ったよく知っている人ほど、港を囲む先端に近いところに位置し、手を振っていました。

先端に1人、魂の入った心に残る素晴らしい敬礼をしている人がいました。いつの間にか、島民代表の1人である予備自衛官の人が、たぶんもの凄いスピードで岩場を移動したのか、見えないように漁船で移動していたのかもしれません。凄い魂のこもった敬礼は、まるでスナイパーライフルでズバッと心を撃ち抜かれたほどの威力を感じました。「これから長い戦いになります。頑張って下さい」と心の中で思いながら答礼をしました。

よく映画で船を使って主人公の別れのシーンを演出します。玄界島を後にする別れのシーンを経験してみると、船は一番味のある別れを作ってくれると感じました。車や電車、航空機であれば、別れの言葉を交わし乗り物に乗った場面で、別れのシーンは終了します。一方、船は乗船しデッキに出てから見送りの人たちに手を振っていると、ゆっくり離岸し港の出口の方向へ船首を向けるまでの時間が絶妙の長さになります。お互いに手を振りながら、出会ったところからともに行動してきた情景が頭の中に浮かび上がり、別れがくるまでの映像が流れ終わった頃に船が港を出ていくからです。あっという間に場面が切れてしまうことなく、頭の中も整理しながら別れというものを受け入れる時間を作ってくれます。

別れというものを受け入れることによって、次に進む気持ちの切り替えができるということを感じました。

別れが終わり、デッキから船内に降りると連隊本部の幕僚や中隊長がいて、「どうでしたか。連隊長」と感想を求められました。

デッキで感じたことを皆に話していると、首を縦に振りながら満足そうに聞いていました。最後に労いの言葉を言い、庶務のメンバーがコーヒーを準備して待っている方へ歩き、席に着きました。帰ったら射撃訓練開始だなと考えていると、突然浮かび上がってきたことがありました。「港へ近づかせないということは、もしかしたら最初から自分抜きで別れのシーンを皆で計画していたんではないか」ということです。「確認するか」とバッと皆の座っている方へ振り向いたのですが、やめにしました。「皆さんありがとうございました」と、心の中で感謝しました。

不測事態に備える海上自衛隊の艦艇。

玄界島災害派遣が終了し、いろいろな思いを胸に連絡船に乗船する隊員。

column-❺

馬場中隊長回想録

平成17年3月午前、自宅でくつろいでいるとき、突然それはやってきました。激しく左右に揺れ、数十秒は続いたように記憶しています。その揺れの大きさに驚き、しばらくして冷静になったとき（当時はまだ震度5以上の地震のときの対応要領が決まっていない時代でした）、どこかで災害が発生していると直感し、すぐに部隊へ登庁しました。

案の定、福岡沖を震源とする地震が発生し、玄界島に被害が発生しているとの情報が入ってきました。間もなく40連隊は、師団の命令により災害派遣部隊として出動することになりました。

1個中隊規模の派遣となり、当時1中隊長だった私は、連隊長から第1派の災害派遣部隊長として任命され、空路で玄界島へ侵入することになりました。登庁から2時間ほどで災害派遣の準備を整え、駐屯地のグラウンドに災害派遣用機材を集積し、チヌークの到着を待ちました。時間通りにチヌークが小倉駐屯地へ着陸し、ただちに資材を搬入して玄界島へ向かいました。フライト時間は、30分程度だったように記憶しています。

空から見た玄界島は、肉眼でもはっきりわかるほど瓦屋根が崩れ落ち、ところどころ倒壊している様子が確認できました。惨たんたる状況が目に飛び込んできたのです。ヘリは、港近くの広場（小さなグラウンドらしき場所）にランディング、すぐさま隊員と資材を卸下して、現地災害対策本部のある、鉄筋コンクリート製の集会場に向かいました。

現地災害対策本部で師団の連絡幹部とコンタクトし、状況把握と派遣部隊へのニーズを確認することにしました。5～10分間隔で余震が続いている状態の中、消防・警察・地元漁港の方々との調整会議に参加しました。調整会議では、現時点において死者は出ていないとのこと、島全体を詳細に把握するまでは時間を要するが、休日の昼間に発生した地震だったため、福岡市内へ外出していた人や漁師町であり漁に出ていた人も多く、自宅にいた人が少なく、幸いにも被害が最小限にとどまったことがわかりました。自衛隊の災害対応能力や活動について説明し、理解していただきました。

調整会議で決定したことは島民避難であり、その際の警察・消防・自衛隊の役割も決定しました。自衛隊は港までの島民誘導、警察・消防は家屋の危険度判定を行うことになりました。

我々は、誘導のために島内の安全な経路を確保するために偵察を開始し、残された島民がいないか確認して回りました。その日の夕方には全島民を港へ誘導し、博多港へ無事避難を完了することができました。

その後の活動は、夜の調整会議において、財産保護のために崩れた屋根瓦の上にブルーシートを展張することが主任務として決定しました。余震の続く中での高所作業となることから、隊員の安全確保のために、あらかじめ準備し携行してきたザイル、スリング、カラビナを駆使して、数百近い屋根の上に登り、雨が降る前に夜間も突貫作業でブルーシートをかけたのです。玄界島は、島特有の気象として強風が吹くので、ブルーシートが飛ばないように漁網をかけて補強しました。

途中、戦力回復を行うため第2中隊と部隊交代を行い、部隊へ戻りました。数日後島を訪れたとき、島はブルーシートで青色に変わっているほど張り巡らされていました。そして島では余震が続いている中、島内を偵察したときのことでした。倒壊寸前だった家屋が目の前で突然倒れたのです。幸い、立ち入り制限のロープが張られていたので巻き込まれることはなかったのですが、地震の猛威に脅威を感じたのは言うまでもありません。心配していた建物の上に登り活動する隊員の安全確保は、普段の訓練が効力を発揮し、まったく問題がありませんでした。

中隊長に着任してから、市街地戦闘訓練を重視していたこともあり、ロープワークや高所から降下することも訓練していたため、対応は容易でした。隊員の日々のスキルアップの重要性を改めて実感することができたのです。40連隊が、つねに実戦を想定して訓練をしていた成果でした。

column-❺
馬場中隊長回想録

災害発生から1週間経った頃でしたか、玄界島に当時の総理大臣であった小泉元首相が現地視察に来られ、師団長と連隊長が説明され、災害派遣部隊に対する激励を受けたのは、今でも明瞭にひとつひとつの状況が浮かび上がります。

そして災害派遣の任務を終了し、玄界島を離れるときに、島の漁協の方々が自衛隊の皆様にお礼をと、養殖しているブリの子供「ヤズ」と言うらしいのですが、それを数百匹もお土産に持たせて下さったのです。逆に私たちが励まされている気持ちにさせられました。これから復興が大変だというのに熱い心をいただき、「国民の負託に応えられる自衛隊にならなければならない」と、再認識した災害派遣となりました。

第9章

自衛隊の任務と災害派遣

北九州地区の防衛・警備任務との両立

仮設住宅の建設が始まる頃になると、陸上自衛隊の災害派遣の活動も終了が近くなります。今回の災害派遣は、人命救助と応急災害復旧が任務だったからです。そして、民間企業が平常の活動ができるようになると、自衛隊の活動は終了となります。民間が行うことのできる業務は民間に委ね、民業を圧迫しないようにするためです。

今回の災害派遣は、40連隊を中心に対応できたので、「災害派遣」と「国土防衛」については ほとんど問題にはなりませんでした。北部九州の防衛警備を担任する師団は、災害派遣の最中でも地域の防衛を可能にする体制をとります。見方を変えれば、災害派遣にほとんどの部隊を投入してしまった場合、北部九州は手薄の状態になっているので、攻め込むのに絶好の機会になるからです。

40連隊も、北九州市に所在する小倉駐屯地に防衛警備に必要な戦力として主力が残っているので、防衛警備上の対応ができる状態を維持できました。このような形で日本の防衛は維持されています。陸上自衛隊の防衛・警備任務を遂行するためには、部隊の練成としての訓練を行わなければなりません。災害派遣終了に伴い、訓練を行う態勢へ戻さなければなりません。

出発前の時間に戻ってみると

駐屯地の正門に到着し、警衛隊から「異常なし」の報告を受けると、駐屯地に所在している隊員が正門から連隊本部の間に長い列を作り、出迎えの態勢をとっていました。災害派遣を撤収してきた車両の列が通過するたびに拍手で迎えられます。連隊本部前でパジェロを降りると、玄関に副連隊長以下主要幕僚が並んで出迎えてくれました。不在間の対応に感謝し、横にいる業務隊長（駐屯地の管理運営を担当する部隊）に、災害派遣部隊への積極的な後方支援にお礼を言いました。

連隊長室に戻ると、不在していたときに対応した内容の報告（不在間報告）を各幕僚から受け、不在になった日から今日までの時間を一気に埋め、次へ頭を切り替えることができました。もちろん、緊急事項があれば、災害派遣中でも報告を受ける態勢ができています。不在間報告は、恒常的な業務の報告と、これから耳に入れておかなければならない内容の報告が中心となります。

石田3科長から、

「明日から実弾射撃の訓練のため、演習場へ移動をお願いします」と言われました。相変わらず手回しがいいなと思いながら、感謝を込めて

「了解」と答えました。

災害派遣に使用していた装備や機材の整備は、連隊全員で行います。各中隊が協力して整備している状況を、中隊長の説明を各場所で受けながら確認します。課業が終了する頃には整備が終了し、格納することができました。

「車の準備ができました」と副官が知らせてくれました。

久し振りに明るいうちに官舎へ帰れます。災害派遣が終了し、明るいうちに帰ってきた官舎は問題がないことはわかっていましたが、何だか「ホッと」した自分がいました。荷物を降ろしていた副官の、

「明日は早いのでよろしくお願いします」という声が聞こえました。

明日は、射撃野営のため7時30分に駐屯地出発です。

さぁ、演習場へ出発だ

災害派遣を行っていたので、連隊主力で行う規模の大きい野営は久し振りです。迫撃砲と

小銃の実弾射撃を行うため、連隊主力で日出生台演習場へ向かいます。

隊員は燃えていました。しばらく遠ざかっていた、強くなるための訓練をしたいと思っているからです。そして、自分も同じ気持ちでした。パジェロのドアを閉めた副官が、

「出発します」と報告しました。

「さぁ、行こう」と答え、気合を入れました。

演習場に到着すると40連隊指揮所がすでにできあがっており、3科長が入り口で待ち構えています。パジェロを降り、40連隊指揮所へ3科長と肩を並べ歩きながら確認しました。

「3科長、コンディションは？」

災害派遣後の「40連隊に戦闘技術の負けはない」が始動しました。

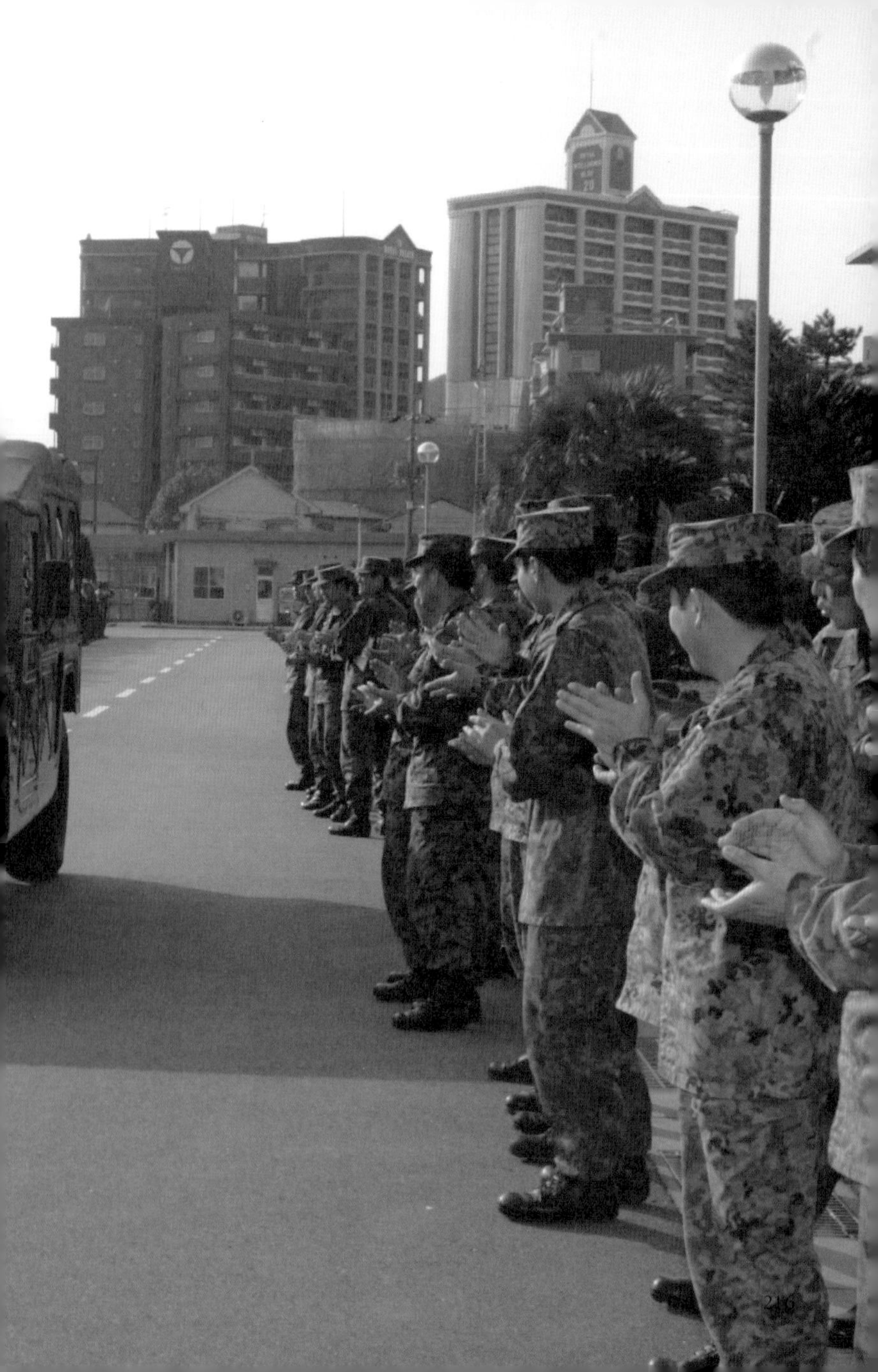

災害派遣終了後、小倉駐屯地に帰隊してきた40連隊員を全員で出迎える。

おわりに

自衛隊の災害派遣は、30年前と今では大きく変化しています。国民・地域の人の期待度の増加と3・11（東日本大震災）における活動への高い評価、そして、自衛隊がいろいろな災害派遣を経験するたびに、より早く、より実効性ある行動が求められるようになってきました。

危険な場所へ迅速に多数の隊員を送り込み、日夜継続した活動を続けている状況で、2次災害による被害を回避し安全を確保して行動できるのは、厳しい環境下において確実に任務を達成するための訓練を日頃から積み上げているからです。

また、厳しい訓練を積み上げていくことによって、強い部隊を育成することができます。

当時、福岡県西方沖地震で被害を受けた玄界島の災害派遣を行い、多くの方からたくさんの励ましや感謝の言葉をいただきました。多くの方の心から発した言葉は私の心に注ぎ込まれました。その中でも、メディアの人から言われた「40連隊は強い部隊ですね」は、つねに強さを求め続けている40連隊の隊員全員がもっとも喜ぶ言葉でした。

強い部隊とはどのような部隊であるか、いろいろな見方や考え方があると思います。ここでは、40連隊が考える強い部隊とはどのような部隊・隊員なのかについての一例を紹介します。

1つ目は、「切り返しの早い部隊」です。

計画や段取りをつけて作戦を実行しているとき、状況の急変や敵の動きに変化があった場合、対応のためのアイデアと具体的な対処方法を考えます。その後、迅速に部隊を動かせるかどうかが、部隊の強さを見るポイントとなります。部隊は、部隊行動の舵を大きく切ったり、方向転換をするとき、命令・指示を出します。

中隊長から命令を受けた小隊長は、班長（陸曹）へ指示を出し、班長が各隊員へどのように行動するかを伝えて準備を進めることにより、舵切りや方向転換が始まります。このとき、チームワークと頭の切り替え、素早い行動が重要となります。急に言われても困るという意識レベルでは部隊の方向転換が間に合わず、やられてしまうのがわかっている危険な場所へ行かせてしまい、大きな損害を発生させてしまいます。

動きの遅い部隊は、方向転換をしようとする動きと進もうとする動きが交差し、混乱しながら敵の待ち構えている場所へ身動きできない状態で踏み込んでしまい、跡形もなくやられてしまいます。

意識レベルが高く普段からよく訓練をしている部隊や隊員は、指示を伝えると、この場合はこうするということを詰めているので、必要最小限の指示と内容で素早く反応することができます。このような動きは、自ら考え、自ら行動し、修正をしながら前に進めることができる隊員が揃っていないとできない行動です。

部隊の切り返しの速さを見れば、普段の訓練の質と量がすぐにわかります。すぐには強い部隊は作れませんので、日々真剣に訓練を続けていることがわかります。

2つ目は、「出発5分前、ガタガタしないで準備のできる部隊」です。

訓練や演習場へ出発する1時間ほど前から、「おーい早く集まれ」、「トラックをこっちに持ってこい」、「オーライオーライ、オッケー、早く積みこめ」、「装具はどうだ」と大きい声で指示を出し、隊員たちは早くしようとしてバタバタしている状態になり、これはどうでしたっけと言いながらワイワイ訓練準備をしている状況をよく見かけます。

この頑張って準備している(?)姿を見て、「士気が高くて頑張っているね」と言う指揮官がいますが、この部隊はまったく強くありません。弱い部隊です。

このような風景を確認した指揮官や幹部は、褒めるのではなく部隊のレベルを判定し、強くなる方向を示さなければなりません。実戦の場面ではさらに難しい状況下で行動しなければならないからです。普段の訓練から、隊員1人1人がどのように動けばいいか、AAR（アフターアクションレビュー：訓練の振り返り）を納得するまで何度も行っていれば、この程度の簡単な行動は大きな声を出さなくても整斉とできるようになります。

誰かがやられた場合のカバーを、この場面では誰がやるのがいいのか、負傷者の救助、応援要員をどこから移動させて配置するかをAARによって納得するまで詰めた後、再度、実動訓練を行い、AARにより問題点を修正していくことを繰り返している部隊の動きはすぐにわかります。

出発5分前まで、ソファに座ってゆったりしており、「5分前」の声で各人が装具点検を素早く行いペアでチェックをして、無声指揮で隊員を動かし、静かに素早く、最小限の動きで荷物をトラックへ積み、時間通り正確に出発できるように準備をしている部隊は、かなりのレベルの部隊と評価できます。

3つ目は、「訓練事故や怪我の少ない部隊」です。

訓練事故や怪我の多い部隊は、弱い部隊です。自分・部隊の行動の限界が理解できていなかったり、勢いでやれば何とかなると無理してやってしまい、事故や怪我が発生するからです。
ひとつひとつキチンとやるのが面倒という理由だけで、事故が発生した後の事故調査や人事上の処分などの、莫大な後ろ向きの業務量が発生することを考えずに行動してしまいます。これは、戦闘において、隊員・部隊が大きな損害を受ける要因になります。

自分や部隊の限界がわかっていれば、無理をせずに上手くいく方法の選択、他のチームの支援の要請など、必要な対策をとった後に行動します。このため、冷静に状況を判断し、行動のできる部隊・隊員は、事故と怪我をほとんど起こしません。さらに、隊員は普段の訓練から能力の限界にチャレンジする努力を行います。

「不安定の安定化を行う部隊」、「AARと実行動を繰り返してレベルを向上している部隊」、「自ら考え、行動し、修正をしながら前に進めている部隊」は、強い部隊です。

また、「40連隊は強い部隊ですね」という言葉から、次のことも浮かび上がります。

多くの人が、連隊長をやってよかったと言います。それは、連隊長として多くの権限を行使し、多くの責任を果たしながら毎日自分の能力を限界までフルに回転させて、全力で行わなければならない職務だったからです。

このとき、隊員の素晴らしさと部下を持つことの怖さを真に理解できます。連隊長上番中は、毎日が全力投球を続けている状態で必死です。葛藤と全力投球の日々を過ごし、連隊長を下番するときに初めて、これほど充実した時期はなかった、素晴らしい勤務だったと感じるのだと思います。

私は、連隊長としての充実した勤務と、何年経っても一緒に行動した仲間との関係が続いている多くの隊員と出会えたことが、人生の宝物となっています。そして、隊員に成長させてもらったと強く感じています。

二見龍

二見 龍
防衛大学校卒業。第8師団司令部3部長、第40普通科連隊長、中央即応集団司令部幕僚長、東部方面混成団長などを歴任し陸将補で退官。現在、株式会社カナデンに勤務。Kindleの電子書籍やブログ「戦闘組織に学ぶ人材育成」及びTwitterにおいて、戦闘における強さの追求、生き残り任務の達成方法等をライフワークとして執筆中。著書に『自衛隊最強の部隊へ』シリーズ（誠文堂新光社）、『自衛隊は市街戦を戦えるか』（新潮社）を刊行。現在、Kindle版（電子書籍）を発刊中。
ブログ：https://futamiryu.com/　Twitter：@futamihiro

コラム監修　川口 拓
コラム編集　原 太一
デザイン　鈴木 徹（THROB）
校正　中野博子

地震《じしん》発生《はっせい》！ 玄界島《げんかいじま》へ出動《しゅつどう》せよ！
自衛隊最強《じえいたいさいきょう》の部隊《ぶたい》へ
―災害派遣編《さいがいはけんへん》

2021年1月15日　発　行　NDC391

著　者　二見龍《ふたみりゅう》
発行者　小川雄一
発行所　株式会社 誠文堂新光社
〒113-0033 東京都文京区本郷 3-3-11
［編集］電話 03-5805-7761
［販売］電話 03-5800-5780
https://www.seibundo-shinkosha.net/
印刷所　株式会社 大熊整美堂
製本所　和光堂 株式会社

ISBN978-4-416-52034-5